JN199959

日本環境教育学会［監修］

知る・わかる・伝えるSDGs

I

貧困・食料・健康・ジェンダー・水と衛生

阿部 治・野田 恵［編著］

学文社

■執筆者■

阿部　　治	立教大学	［巻頭対談・序章］
朝岡　幸彦	東京農工大学	［巻頭対談・第2章］
浅井　春夫	立教大学名誉教授	［第1章］
栗林知絵子	（特非）豊島 WAKUWAKU ネットワーク	［第1章実践］
西村　和代	（一社）エディブル・スクールヤード・ジャパン	［第2章実践］
定森　　徹	（特非）クルミン・ジャポン／（合）サマウーマ・コンサルティング	［第3章］
栗本　知子	（公財）公害地域再生センター	［第3章実践］
林　　美帆	（公財）公害地域再生センター	［第3章実践］
萩原なつ子	立教大学	［第4章］
佐野　敦子	国立女性教育会館	［第4章実践］
原田　英典	京都大学	［第5章］
中村　大輔	滋賀県草津市立渋川小学校	［第5章実践］
野田　　恵	東京農工大学	［終章］

（執筆順）

目　　次

巻頭対談
SDGs が求める学び
―知る・わかる・伝えることの意味―
阿部　治×朝岡幸彦

SDGs の主体を生み出す環境教育

阿部　このたび，日本環境教育学会監修で SDGs（持続可能な開発目標）のシリーズを刊行することになりました。なぜ，こうした本を刊行するのかということについて，まずご説明したいと思います。

　SDGs の認知度が急速に広がってきているとみていますが，そのなかで改めて文書の前文に書かれているように，私たちが「この問題を解決する最後の世代」であるという危機感をもっています。その一方で，こうした危機感が十分に共有されていないのではないか，SDGs が私たち一人ひとりの「腑に落ちる」ためには何が必要なのかということだと思います。「金曜日の学校ストライキ」運動で知られているスウェーデンのグレタ・トゥンベリーさん（16歳）が「希望は行動することから始まる」と言っていることが注目されます。まさに彼女が発言する気候変動問題についても，待ったなしの状況であり，だからこそ教育，一人ひとりが自ら持続可能な社会を思い描いて行動することのできる市民教育のあり方を，このシリーズを通して問いかけたいと思います。

　そのなかで，日本において 30 年の歴史をもつ日本環境教育学会での研究の蓄積や枠組みを生かしていきたいと考えています。会長として，どのように思われているでしょうか。

朝岡　いまのお話には，とても共感します。改めて，日本環境教育学会が監修して，こうした SDGs のシリーズを刊行することに大きな意義があると思います。

　環境教育という枠組みがどれだけ社会のなかで積極的な意味をもつのかを考えるためにも，SDGs という喫緊の課題に環境教育学がどのように向き合うのかは重要な問題です。さらに，SDGs の実現には環境教育がきわめて重要

な役割を果たすのではないかと考えています。それを明らかにするためにも，このシリーズがすべてのゴールを網羅していることは大切です。

　その意味でも，このシリーズの共通テーマ「知る・わかる・伝える」というキーワードがもつ含意について，ご説明いただきたいのですが。

SDGs のエンジンとしての ESD

[阿部]　すでに多くの SDGs に関する本が出版されていますが，このシリーズには SDGs を実現する教育（学び）の１つのイメージがあります。この教育には，まず課題を「知る」ことから始まり，さらに課題の背景を深く「わかる（理解する）」ことが求められ，課題を解決するために人々に「伝える」ことを通して社会変革に向けて行動することが大切だと考えています。

　SDGs には非常に幅の広い 17 のゴールと 169 のターゲット（巻末資料を参照）があるわけですが，「知る」「わかる」「伝える」という一連の流れがこのシリーズに入っていると思います。

[朝岡]　「わかる（理解する）」という言葉を「腑に落ちる」と言い換えておられますが，そこに重要な意味がありそうですね。単に知識として「知っている」とか，その伝聞をほかの人に「伝える」というだけではダメで，その途中にSDGs について「（深く）理解」し，自らの問題として「腑に落とす」，だから

阿部　治（編者／ESD 活動支援センター長／立教大学）

朝岡幸彦（日本環境教育学会会長／東京農工大学）

こそ行動ができる。これを全体と
して「学び」や「学習」と考えて
よいと思うのです。その意味では，
このシリーズの特徴の1つは，「教
育（学習）」の視点からSDGsの
すべてのゴールについて読み解い
ていこう，その実現を考えるとい
うことになるように思うのですが。
「教育（学習）」の視点からすべて
のゴールの実現を考えることの意
味を，どのように考えておられる
のでしょうか。

阿部　SDGsの目標4が「教育」なのですが，そのターゲット4.7にESD（持
続可能な開発のための教育）が入っています。日本政府とNGOの提案で2005〜
2014年の間取り組まれた国連ESDの10年に日本環境教育学会としても積極
的に取り組んでこられたと理解しています。SDGsの議論が始められたときに，
当初は私たちもSDGsを実現する人づくりのキーワードとしてESDを前文に
入れるべきであると政府を通じて国連に提案していました。しかしながら，前
文に入れても本文に入らないと各国で行動されないという問題に直面し，目標
4のなかにESDを入れることになったわけです。その結果として，「教育
（ESD）」は17分の1の位置づけになりましたが，ESDがSDGs実現の「エン
ジン」としての役割をもっていることは明らかです。

　いっぽうで，国連・ESDの10年が終わったあとの行動計画（2016〜2020年）
の見直しがユネスコ・国連で行われるなかで，「ESD for 2030」という新たな
アクションプランではSDGsのすべてのゴールをカバーするものとしてESD
が位置づけられようとしています。まさに，SDGsを実現するためにはESD
が担う人づくりが基礎なんだという理解が，世界で共有されつつあるのです。「教
育（ESD）」の視点からSDGsのすべてのゴールを位置づける積極的な意味が，

ここにはあると思います。

朝岡 そうした視点が，阿部さんが代表をしている日本環境教育学会の「SDGs の教育」研究会が 2018 年からトヨタ白川郷自然學校と共同で「SDGs の教育フォーラム in 白川郷」を開催していることともつながるわけですね。

すべての人が安心・安全に生きるための条件

朝岡 ところで，この SDGs のシリーズを全 4 巻に分けて刊行するうえで，第 1 巻で「貧困・食料・健康・ジェンダー・水と衛生」の 5 つの目標を取り上げることの意味やねらいを，どのように考えているのでしょうか。

阿部 SDGs を国連が定めた際に「5 つの P」という整理をしています。「People（人間）」「Prosperity（豊かさ）」「Peace（平和）」「Partnership（パートナーシップ）」「Planet（地球）」。第 1 巻で取り上げた 5 つの目標は，おおむね「People（人間）」が生存していくための前提条件となるものです。その意味では，第 1 巻で取り上げる 5 つの目標は，SDGs の主体である一人ひとりが安心して安全に生きていく前提条件を「教育（ESD）」の視点から問い直そうとするものです。こうした条件が整えられないと，いくら世界の人々が主権者として SDGs の実現に努力しようとしても，そのスタート地点に立つことができないわけです。まさに，すべての人が「誰一人として取り残されない」ための，社会の一員として，地球市民の一員としての出発点になるものだと思います。

朝岡 まさに，持続可能な開発というものが，「地球」の持続可能性，「社会」の持続可能性とともに，「人間」の持続可能性を担保するものであるという議論と通じるものがありそうですね。このシリーズが環境教育学の新たな展開や日本における SDGs の実現に寄与することを期待しています。

阿部 ありがとうございます。

序　章
SDGs とその背景

　『我々の世界を変革する：持続可能な開発のための 2030 アジェンダ』（以下，2030 アジェンダ）が 2015 年 9 月の国連総会において採択された。このアジェンダは私たち人間と人間が暮らす母なる地球のための行動計画である。このアジェンダのなかで出された具体的な目標が SDGs（エスディージーズ：持続可能な開発目標）であり，先進国を含む国際社会全体の 2030 年に向けた環境・社会・経済についての目標である。同年 12 月に気候変動化枠組み条約の下で採択された地球温暖化対策である「パリ協定」とともに，今，世界を大きく変える道しるべになっている。

　気候変動による甚大な自然災害や生物種の大量絶滅が現実化し，食糧やエネルギー，貧困，紛争といった環境・社会・経済の問題は危機的状況であり，人類の生存を危うくしている。このようななか，人類をとりまく環境が激変していることを象徴する新たな用語が生まれた。オゾン層研究でノーベル賞を受賞した大気化学者パウル・クルッツエンが 2000 年に「人新生（アントロポセン）」という新たな地質年代を提唱したのである。その 2 年後，クルッツエンは科学雑誌『ネイチャー』への投稿のなかで「多くの面で人間活動が支配的となった現在に至る地質時代に『人新生』という用法を与えることが適当である」として，ジェームス・ワットが蒸気機関を発明した 1784 年を新たな時代の開始とすることを提起したのだ。この年が，産業革命の始まりと岩石圏から採取された石炭の燃焼による大気の「炭素化」の両方を象徴しているからである。人新生は 250 万年前にアフリカ大陸に出現したヒト族（ホモ・ハビリス）が，わずかの間に地球の支配者となり，地球の環境を大きく改変するまでになったことを表している。人新生はまだ正式な年代区分になってはいないが，人類が地球の生態系や気候に劇的な影響を及ぼすようになったことを象徴する用語なのであ

る（『人新生とは何か』2018）。

　このような見方は，古くはデニス・メドウズらの『成長の限界』(1972) など
で指摘されていたことである。ローマクラブの第一レポートとして，マサチュ
ーセッツ工科大学のシステムダイナミックスモデルによる大型コンピュータを
用いた人類の未来予測は，人口増に伴う汚染や食糧・エネルギー消費の増加な
どによって，人類は破局を迎えるというシナリオで発表当時，世界に大きな影
響を与えた。メドウズらはその後，モデルをさらに精緻化し，同様な未来予測
を行って発表したが（『限界を超えて』1992,『成長の限界―人類の選択』2012),
結果は同じく人類の破局であった。これらのなかで，メドウズらは人類の経済
活動の「行き過ぎ」からの引き返し（引き戻し），個人の価値観を変え，政策を
変更することなどによって持続可能性をめざす革命を起こすことを訴えた。そ
して今，持続可能性をめざす革命の動きがSDGsとしてようやくあらわれてき
たのである。

　人間の活動が地球全体に与える影響を科学的に評価するプラネタリー・バウ
ンダリー（地球の限界）理論を提唱しているヨハン・ロックストロームはSDGs
の達成こそが人類生存の希望であるとし，SDGsに注目している。彼は人新生
における人間活動が地球に与えた大きな圧力について，さまざまな事例を通じ
て指摘している。人類が「大きな地球の小さな世界」で暮らしていた1980年
代には，プラネタリー・バウンダリーは必要なかった。しかし，有限な地球の
なかですべての居住者が豊かさを求めて暮らす「小さな地球の大きな世界」で
は，私たち人間の「世界」が大きくなりつづけ，小さな「地球」を圧迫するよ
うになったのである。「いまやすべてが変わった，今日，地球の気候的，地球
物理学的，大気学的，さらには生態学的プロセスの本来の機能を大切にする発
展の新しい枠組み，つまり，地球が安定的かつ回復可能な状態で安全に機能す
る範囲内で，人類の繁栄と経済成長を実現できる新しい発展のパラダイムを必
要としている」（『小さな地球の大きな世界』2018）とし，プラネタリー・バウン
ダリーで指摘している生物多様性や気候変動などほとんどの問題の解決策が
SDGsに込められていると述べている。

1　SDGsとは

　このままでは持続しない世界を持続可能な世界に「変革（トランスフォーメーション）」することをめざす2030アジェンダの前文のなかには，「この共同の旅路にあたり誰一人取り残さない」との思いや貧困，飢餓，病気および欠乏からの自由といった個々人の幸福のレベル，さらには国レベルの持続可能な経済成長，生物多様性の尊重にいたるまであらゆるレベルでの持続性をめざすべき世界像（ビジョン）として掲げている。そしてこのビジョンを実現するための目標とターゲットがSDGsなのだ。SDGsは国連をはじめとる国際機関や世界経済フォーラム（ダボス会議），持続可能な開発のための経済人会議（WBCSD）などの産業界，NGO，各国政府や自治体，企業，教育機関などあらゆる組織，いわゆるマルチステークホルダーによって取り組まれている。いわばSDGsは課題解決のための世界共通言語であり目標といえる。

　SDGsは採択された翌2016年から実施されているが，同年5月に日本政府は官邸にSDGs推進本部を設け，さらに日本におけるSDGs達成に向けて広範な関係者が意見交換を行う場としてSDGs推進円卓会議を設置し，12月に「SDGs実施指針」（2019年度に改正される予定）を定めた。これは17目標を日本

表0-1　日本政府のSDGs実施指針での「8つの優先課題と具体的施策」

①あらゆる人々の活躍の推進	②健康・長寿の達成
■一億総活躍社会の実現　■女性活躍の推進　■子供の貧困対策　■障害者の自立と社会参加支援　■教育の充実	■薬剤耐性対策　■途上国の感染症対策や保健システム強化，公衆衛生危機への対応　■アジアの高齢化への対応
③成長市場の創出、地域活性化、科学技術イノベーション	④持続可能で強靭な国土と質の高いインフラの整備
■有望市場の創出　■農山漁村の振興　■生産性向上　■科学技術イノベーション　■持続可能な都市	■国土強靭化の推進・防災　■水資源開発・水循環の取組　■質の高いインフラ投資の推進
⑤省・再生可能エネルギー、気候変動対策、循環型社会	⑥生物多様性、森林、海洋等の環境の保全
■省・再生可能エネルギーの導入・国際展開の推進　■気候変動対策　■循環型社会の構築	■環境汚染への対応　■生物多様性の保全　■持続可能な森林・海洋・陸上資源
⑦平和と安全・安心社会の実現	⑧SDGs実施推進の体制と手段
■組織犯罪・人身取引・児童虐待等の対策推進　■平和構築・復興支援　■法の支配の促進	■マルチステークホルダーパートナーシップ　■国際協力におけるSDGsの主流化　■途上国のSDGs実施体制支援

出所：SDGs推進本部（2016）

の現状に照らして8つの優先課題のなかに落とし込んだものである（表0-1）。その後，「SDGsアクションプラン2018」（2017年12月），「同2019」（2018年12月）を策定し，全省庁をあげて取り組んでいる。また政府は持続可能なまちづくりのために，地方創生に資する，地方自治体によるSDGs達成に向けた取り組みの優良事例を「SDGs未来都市」として2018年度から選定している。また，SDGsの担当省庁である外務省は，SDGsに関するさまざまな情報を発信するネット上のプラットホームとして，JAPAN SDGs Action Platformを運営しており，ここにはさまざまな情報が掲載されている。

(1) SDGsの特徴とバックキャスティング

SDGsは「誰一人取り残さない」持続可能で多様性と包摂性のある社会の実現のために，2030年を年限とする17の目標と169のターゲットで構成されている（巻末資料参照）。これらの目標とターゲットは，発展途上国を対象に2000〜2014年まで取り組まれた国連ミレニアム開発目標（MDGs）をもとにして，ミレニアム開発目標が達成できなかったものを全うすることをめざしている。先進国を含め，このままでは持続しない世界を持続可能な世界に「変革」することをめざしている。たとえば，目標1で「貧困を削減する」ではなく「貧困をなくす」と宣言していることは「変革」そのものである。

SDGsのすべての目標とターゲットは互いに不可分の関係にあり，統合的にとらえるべきものである。そして，SDGsに共通してみられる特徴は大きく以下の5点にある（外務省『日本　持続可能な開発目標（SDGs）実施指針』2017）。

> 普遍性：先進国を含むすべての国が行動する
> 包摂性：人間の安全保障の理念を反映し，「誰一人取り残さない」
> 参画型：すべてのステークホルダーが役割をもっている
> 統合型：社会・経済・環境に総合的に取り組む
> 透明性：定期的にフォローアップを行う

SDGsの取り組みとして，17目標すべてではなく，これらのなかのいくつか

を紐づけることが一般的に行われているが，すべてがつながっているという視点にたって，統合的・総合的に取り組むべきものなのである。本シリーズでは，目標が全4巻にわたって紹介されていくが，これらの目標は相互に深く結びついている。また，17目標のとらえ方として，英語の頭文字をとった5つのPの視点がある。地球（Planet），人間（People），豊かさ（Prosperity），平和（Peace），パートナーシップ（Partnership）の5

図 0-1　SDGs 5 つの P
出所：国際連合広報センターウェブサイト

つであるが，このように表現することでSDGsの全体像が理解しやすくなる（図0-1）。

　2030年を目標年に据えたSDGsは，達成する2030年の持続可能なビジョンを描き，このビジョンを17目標169ターゲットという具体的な目標として「見える化」したのだ。繰り返すが，SDGsが掲げた2030年目標は大きな「変革」なしには達成できないきわめて野心的な目標である。このため「改善」を積み重ねていくことで「今」よりよい世界をつくろうという手法ではなく，チャレンジではあるが持続可能な未来の世界を描き，この「未来」を起点として，そこから逆算して「今」何をなすべきかを考える手法を用いている。前者は「フォアキャスティング（forecasting）」思考，後者を「バックキャスティング（未来逆算：backcasting）」思考という。「今」を起点とするのではなく「未来」を起点とするバックキャスティングを採用している点がSDGsの大きな特徴である。歴史上，バックキャスティング思考の成功例としてはアメリカのアポロ計画（1961-72）が知られている。ケネディ大統領が1960年代に月に行くと宣言したときにはアメリカには宇宙に行く技術はなかったが，アポロ11号が1969年に月面着陸を成し遂げた。

経団連は 2017 年に SDGs をふまえて「企業行動憲章」(1991) を改訂し,「イノベーションを発揮して,持続可能な経済成長と社会的課題の解決を図ること」(第 1 条) を新たに追加し,超スマート社会といわれる Society5.0 (ソサエティ・ゴーテンゼロ) の実現を通じた SDGs の達成をめざしている。Society5.0 は狩猟社会,農耕社会,工業社会,情報社会に続く 5 番目の社会のことで IoT (Internet of Things, モノのインターネット:インターネット経由でセンサーと通信機能をもったモノのこと) や AI (人工知能) に代表される技術革新で達成される社会のことである。政府の SDGs 実施指針においても Society5.0 社会の実現が強調されているが,IoT や AI に依存する社会の危うさやネガティブ・インパクトについても冷静に考える必要がある。

このように国内外の産業界がなぜ SDGs への取り組みを強化しているのだろうか。その理由は地球が安定的かつ回復可能な状態で安全に機能する範囲内でのみ人類の繁栄と経済成長を実現できるからに他ならない。グローバル化が急速に進行するなかで,グローバル化の「負」の側面が顕著になってきたことから,1999 年,ダボス会議において,コフィー・アナン国連事務総長 (当時) から企業に対して提唱されたグローバル・コンパクトは,企業にグローバルな課題解決への参画を求め,世界の経営トップに,「人間の顔をしたグローバリゼーション」への取り組みを促した。国連グローバル・コンパクトは,翌 2000 年に国連本部で正式に発足,人権,労働,環境の 3 分野 9 原則から始まり,2004 年に腐敗防止に関する 10 番目の原則が追加され,4 分野 10 原則となった。国連グローバル・コンパクトの 10 原則と SDGs は深く関連している。

持続可能な開発をめざす企業 200 社の CEO による連合である WBCSD の下部組織である「ビジネスと持続可能な開発委員会」の報告書『より良きビジネス,より良き世界』は,今日の経済モデルには重大な欠陥があり,これまでと同様の経済モデルが続いた場合,環境面および社会面への負荷が増加し,長期的には企業自身のビジネスコストが増大すると指摘した。負の影響の最たるものは気候変動である。報告書では,SDGs に関連した 4 つのビジネス分野「食

料と農業」「都市と都会のモビリティ」「エネルギー及び原材料」「健康及び福祉」は年間約 12 兆ドルの価値を生み，2030 年までに最大で 3 億 8000 万人もの新たな雇用を創出することができると試算している。これらは企業からSDGs をみたときの 2 つの側面，つまり，「対応しないリスク」と「ビジネスチャンスの創出」を示している（『ビジネスパーソンのための SDGs の教科書』2018）。対応が不十分な企業は，顧客はもとより従業員を含むさまざまなステークホルダーとの関係が悪化してリスクとなる。ならば SDGs に積極的に取り組むしか選択肢はない。近年，増加している ESG（環境・社会・ガバナンス）投資も SDGs に取り組む企業の背中を押している。

② SDGs の背景

(1) 持続可能な開発とは

「持続可能な開発」は「持続可能」（"Sustain：持続あるいは維持" と "able：可能" の合成語：サステナブル）と「開発」（Development：デベロップメント）からできている。「持続可能な開発」（以下，SD）とはそもそも何を意味するのだろうか。SD を国際的に提起したのは，国連の「環境と開発に関する世界委員会（WCED）」の報告書『われら共有の未来（Our Common Future），1987』であった。このなかで SD は，「将来の世代のニーズを満たしつつ，現在の世代のニーズをも満足させるような開発」と定義されている。ここでいうニーズ（needs）とは衣食住のように生きていくために必要なもののことである。将来世代を犠牲にすることなく現世代のニーズを満たすこと，すなわち経済成長を求めつつも，その原資である環境を保全し，安心して生活ができるよう人々の幸せをも満足させる環境・経済・社会を統合させた考え方である。開発を欲する発展途上国と公害など開発の負の側面を経験していた先進国との間の溝を埋め，ともに地球環境保全に取り組む体制を整えるという政治的な思惑も SD に込められていた。そして，SD が意味することは，単に将来世代と現世代との間の世代間公正だけでなく，貧困や飢餓，紛争，ジェンダーなどで生きることが困難な人々の存在（つまり世代内公正），さらには人類生存の基盤である自然環境との

関係（ヒトと他の生物種との間の種間公正）の3つの公正なのである。

　また「開発」はデベロップメントの翻訳であるが，ほかの訳としては「発展」「発達」などがある。SDをテーマに開催された地球サミットの際に政府が「開発」を公式訳として以降，用語として定着してきた。しかし，日本では今も，「開発」は乱開発など負のイメージが強く「発展」のほうがよいのではないかとの議論もある。いっぽう，デベロップメントには「封」をされたものを開くという意味があり，封をすることや封筒のことはエンベロップという。人間がもっている能力などを引き出すことを人間開発や能力開発などというのはここからきている。このように考えると，「開発」という言葉にも違和感はなくなる。SDには「環境」「経済」「社会」の3つの視点（要素）が大切だとされており，SDGsもこの3つの視点の統合をうたっている。これら3つの関係はどのようなものだろうか（図0-2）。よ

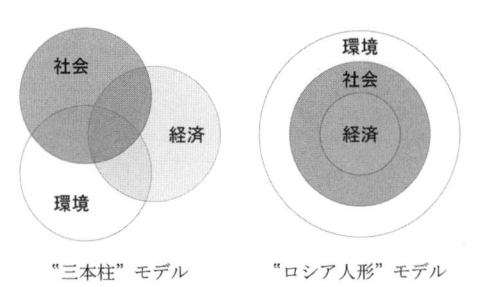

“三本柱”モデル　　　“ロシア人形”モデル

図0-2　持続可能な開発の3要素

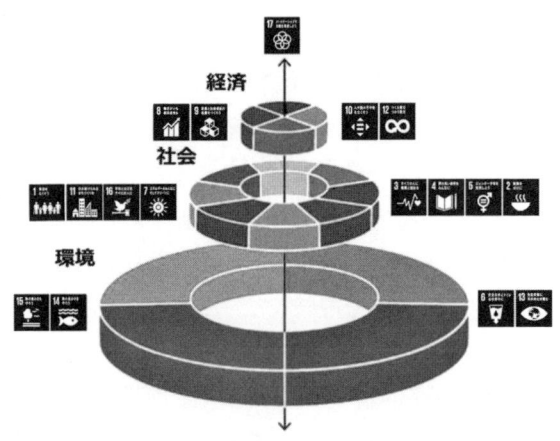

図0-3　SDGsの3つの階層（ウェディングケーキ）
出所：ストックホルムレジリエンス研究センター

く見られる図が左側の"三本柱"モデルであるが，これでは3つの要素の包含関係や階層構造がわからない。私たちの生存基盤は「環境」であり，健全な環境という土台の上に平和で安全に暮らす「社会」があり，健全な環境と平和な社会があってこそ持続的な「経済」の営みがある。すなわち"ロシア人形"モデルが3つの視点を正しく反映している。これをふまえて，SDGs の 17 目標を環境・社会・経済の3つの視点から階層化したものが図 0-3 である。

(2)「持続可能な開発」と日本との深いつながり

SD を提起した WCED の設置を国連環境計画（UNEP）拡大管理理事会（ナイロビ会議，1982）で提案したのは，じつは日本政府であった。

1982 年には，国連史上初めての環境会議であった国連人間環境会議（1972）に続く国連主催の環境会議が開催される予定であった。しかし，第4次中東戦争などによる2度にわたる石油ショック（1973, 1979 年）によって，国際的に環境より経済が優先される傾向となり，国連主催の環境会議が開催されなかった。その代替措置として，国連人間環境会議の勧告によってケニアのナイロビに設置された UNEP の管理理事会を拡大した会合が開催された。ナイロビ会議に日本政府代表として出席した原文兵衛環境庁長官（当時）が，21 世紀の地球環境の理想像の模索およびその実現に向けた戦略策定を任務とする特別委員会の設置を提案し，これが国連総会で承認され，WCED が設置されたのである。

日本政府によるこの提案は，そもそもアメリカ政府が 1980 年に発表し，世界に大きな影響を与えた地球環境の未来予測である『西暦 2000 年の地球』に触発された鈴木善幸首相（当時）の指示に基づき，鯨岡兵輔環境庁長官（当時）の私的懇談会として設置された「地球的規模の環境問題に関する懇談会（地球懇）」の提言であった（『地球環境時代』）。WCSD は 1984 年に賢人会議として設立され，委員長には環境大臣を経験した世界最初の首脳であるノルウェーのブルントラント首相が指名された。その後，WCED は世界各地で5回の会議（最後の会議は 1987 年2月に東京で開催）を行い，1987 年4月に国連で発表されたのが『われら共有の未来』なのである。

WCED の目的は，世界の環境・開発問題に取り組む実用的な方法を見つけることであった。『われら共有の未来』の最も重要な成果は，環境と開発問題は密接に結びついており，環境か開発かのどちらか一方だけについての討議を行うことはもはや意味をもたないとした点にある。SD には，前述したように環境，経済，社会の3つの側面がある。しかし，SD を具体化し，持続可能社会を実現していくためには，これら3つの側面だけでなく「意思決定における効果的な市民参加を保証する政治体制」が必須であることも同報告書で述べられている（『地球の未来を守るためには』1987，『われら共有の未来』の邦訳）。すなわち，持続可能な社会創造のためには，当事者として政治やガバナンスにかかわる市民性（シチズンシップ）を育てる教育の存在が不可欠なのである。

③ 持続可能な開発のための教育（ESD）

SDGs の浸透に伴って，「持続可能な開発」が知られるようになってきたが，実は SDGs 採択に遡ること 13 年前の 2002 年に SD の理解の促進を意図する教育である ESD（イーエスディー：持続可能な社会の担い手を育てる教育・学習）が国連の 10 年（2005-2014）として日本から提案されていた。SDGs のターゲット 4.7 の ESD の推進はここから始まっているのである。目標4については，本シリーズ第4巻において詳細にふれるので，ここでは概要にとどめる。

(1) ESD の背景

持続可能性や SD がカバーする，環境や貧困，平和，人権，ジェンダーなどの世界共通の課題解決に向けて，環境教育や開発教育，平和教育，人権教育，民主主義教育などの地球課題教育（いわゆる国際教育）が 1960 年代から取り組まれてきた。1980 年代に顕在化してきた地球環境問題を契機に，環境や開発，平和，人権などの課題が相互に不可分であること，すなわちお互いに複雑に絡み合っていることがわかってきた。その結果，これまで取り組まれてきた環境教育や開発教育，平和教育など個別の課題教育のアプローチでは，地球的課題はもちろん個々の課題の解決すらむずかしいことが明らかになり，あらゆる地

球課題教育を統合したアプローチの必要性が主張されるようになったのである。これが, ESD が生まれた背景である。

すなわち ESD は持続可能な開発や持続可能性に関連する環境や開発, 平和, 人権など個別課題の解決を目的として行われてきたさまざまな課題教育を統合した概念である。ESD の視点をもつことで, 課題相互のつながりや関係性に気づくことができ, 共通の課題である SD の具体化に向けた総合的・統合的なアプローチが可能になるのである。国連環境開発会議 (リオ・サミット, 1992) の採択文書であるアジェンダ 21 (持続可能な開発のための人類の行動計画) の第 36 章「教育・啓発・研修」が「SD に向けた教育の再編成」を取り上げたことを契機に,「持続可能性のための教育」や「持続可能な未来のための教育」などの名称で SD に関する教育が国際的に取り組まれるようになった。

このように持続可な開発に関する教育は多様な名称で呼ばれていたが, 持続可能な開発に関する世界首脳会議 (ヨハネスブルグ・サミット, 2002) で, 日本政府と NGO が「国連持続可能な開発のための教育の 10 年」(「教育の 10 年」, 2005-2014) を共同提案し, 同年の第 57 回国連総会で採択されて以降, ESD が名称として国際的に定着してきた。サミットに向けて国内の NGO などによって組織されたヨハネスブルグ・サミット提言フォーラムが, リオ・サミット以降の SD に向けた取り組みの進捗がかんばしくなかったことから,「教育の 10 年」を通じ, SD への理解と取り組みを広めていくことを意図して日本政府に提案し, 共同でサミットに提案したのである。

「教育の 10 年」の主導機関として国連から指名されたユネスコは, 国際実施計画を 2005 年に策定し, 日本政府は国内実施計画を 2006 年に策定した。教育の 10 年の目標は, 国際実施計画では「持続可能な開発の原則, 価値観, 実践を, 教育と学習のあらゆる側面に組み込むこと」, 国内実施計画では「持続可能な開発のために求められる原則, 価値観及び行動が, あらゆる教育や学びの場に取り込まれ, 環境, 経済, 社会の面において持続可能な将来が実現できるような行動の変革をもたらすこと」とされた。ユネスコなどによる「教育の 10 年」の最終年会合は 2014 年に名古屋市と岡山市でそれぞれ開催され,「あいち, な

ごや宣言」などが採択されている。

(2)「教育の10年」によって進んだ ESD の取り組み

「教育の10年」を政府とともにサミットに提案した市民組織は，環境分野の
みならず SD や持続可能性にかかわる多様な分野の NGO や企業，自治体，大
学などを会員とする ESD プラットホーム「持続可能な開発のための教育の10
年推進会議（ESD-J）」を，政府のカウンターパートとして2003年に設立した。
ESD-J は政府とともに「教育の10年」の国内外の推進に大きな役割を果たした。
日本の「教育の10年」の大きな特徴の1つが政府によるトップダウンと
NGO/ 市民社会によるボトムアップの統合であり，そのことが ESD が学校教
育にとどまらず，企業や地域づくりへの取り組みにまで広がり，ESD が定着
した理由である。

「教育の10年」の提案を契機に「環境保全活動及び環境教育の推進に関する
法律」（環境教育推進法，2003）がつくられ，2011年の改正（環境教育等による環
境保全の取り組みの促進に関する法律：環境教育等促進法）では，「持続可能な社
会の構築を目指して，環境と社会，経済及び文化とのつながりその他環境保全
についての理解を深めるための教育及び学習」として ESD の性格を反映させ
た環境教育の定義がなされた。学校における ESD は文科省がユネスコ国内委
員会とともに推進しているが，「教育の10年」を受けて，約10年ごとに改定
される学習指導要領や5年ごとに改定される国の教育振興基本計画に「持続可
能な社会の構築」や ESD の推進が盛り込まれている。

いっぽう，産業界においても組織の社会的責任を扱った ISO26000（2010）で
ESD が言及されたことなどで CSR の一環として ESD に積極的に取り組み，
ESD 企業宣言を行う企業も登場してきた。このように日本の ESD は行政や
NGO，企業など多様な主体が，学校のみならず持続可能な地域づくりの一環
として総合的に取り組まれているが，これは学校教育での取り組みが中心の他
国と大きく異なる日本の特徴といえる。

国連持続可能な開発会議（リオ＋20，2012）成果文書に「教育の10年」の終

了年である 2014 年以降の ESD 推進が明記されたことから，ユネスコは第 69 回国連総会決議を受けて 2019 年までの 5 年間を教育の 10 年のフォローアップとして ESD に関するグローバル・アクション・プログラム（GAP）に取り組んできた。その後，SDGs ターゲット 4.7 に ESD が明記されたことで，ESD は SDGs 全体を進める人づくり，すなわちエンジンとして位置づけられた。さらに 2019 年の GAP の改定では「ESD for 2030（SDGs）」として，SDGs の 17 目標すべてにおいて ESD を位置づけることが確認され，この新たな GAP が同年末の国連総会で決議される予定である。SDGs 推進の担い手づくりとして学校教育のみならず社会のあらゆる教育・学びの場で ESD をしっかりと位置づけることが求められている。

④ SDGs を「知る，わかる，伝える」意味

　ロックストロームの言葉をさらに引用しよう。気候変動であれ，生物多様性であれ「環境を保護する」時代はもう終わった。

> 　……筋書きは変わった。人新生は人間活動によって飽和し不安定になった世界であり，そこは私たちが地球全体の守護者になる必要がある。地球の守護者になるためには，目指すべき大目標は，生物種や生態系を救うことではなく，私たち人類を救うことだと理解しなければならない。……地球自身は，すべてが変わってしまっても何も気にしないだろう。問題なのは，私たちの世界なのだ。結局のところ，急激な社会的，生態学的な変化で不安定になった世界ではビジネスなどありえないことを，すべての企業は理解する必要がある。安定した気候と生態系によってのみ，私たちが都市や村で生きていくための必要な回復力と持続可能性が得られるのだ。　　　　　　　　　　　（出所：『小さな地球の大きな世界』）

　冒頭に紹介したデニス・メドウズと筆者は，愛知万博（2005）でともに大学生を相手にした講演を行った。その際に彼は未来を救うのは私たち自身だからこそ自分は世界中で環境教育の活動を展開していると話してくれた。またロックストロームから日本の高校生に授業をしたいとの依頼を受け，昨年（2018）立教高校で中高生を対象にやっていただいた。彼は持続可能な世界に向けたパ

ラダイムシフトをするためには，人々の意識変革を長期的に促すために必要な行動をとることが重要だと述べている。メドウズとロックストロームは持続可能な社会を実現するための教育の重要性をともに指摘しているのだ。

　冒頭で紹介した 2030 アジェンダには，「人類と地球の未来は我々の手の中にある」，また，我々は「地球を救う機会を持つ最後の世代になるかもしれない」との記述がある。本書が掲げている SDGs を「知る，わかる，伝える（そして行動する）」ことの意味はまさにここにある。私たち一人ひとりが主権者として，持続可能な未来づくりに主体的に参画していくために SDGs を自分事化していくことが求められている。

引用・参考文献

国連／地球環境戦略研究機関訳（2015）『我々の世界を変革する：持続可能な開発のための 2030 アジェンダ（仮訳）』外務省

クリストフ・ボヌイユ＆ジャン＝バティスト・フレソズ／野坂しおり訳（2018）『人新生とは何か』青土社

D.H. メドウズ・D.L. メドウズ・J. ラーンダズ・ウィリアム・W. ベアランズ三世／大来佐武郎監訳（1972）『成長の限界』ダイヤモンド社

J. ロックストローム・M. クルム／武内和彦・石井菜穂子監修／谷淳也・森秀行ほか訳（2018）『小さな地球の大きな世界—プラネタリー・バウンダリーと持続可能な開発』丸善出版

外務省（2017）『日本　持続可能な開発目標（SDGs）実施指針』

SDGs 推進本部 www.kantei.go.jp/jp/singi/sdgs/dai2/siryou3.pdf　（2019 年 7 月 25 日最終閲覧）

経団連（2017）『企業行動憲章』

足立英一郎・村上芽・橋爪麻紀子（2018）『ビジネスパーソンのための SDGs の教科書』日経 BP 社

環境と開発に関する世界委員会／大来佐武郎監修（1987）『地球の未来を守るために』福武書店

ストックホルムレジリエンス研究センター https://www.stockholmresilience.org/images/18.36c25848153d54bdba33ec9b/1465905797608/sdgs-food-azote.jpg（2019 年 7 月 25 日最終閲覧）

環境庁地球環境部企画課編（1990）『地球環境時代』ぎょうせい

第1章
貧困をなくそう

あらゆる場所のあらゆる形態の貧困を終わらせる

　貧困とは，所得の低さだけではなく，必要としているものが手に入らず人々の潜在能力がはく奪されている状態として多面的にとらえられるもので，アジェンダ 2030 の冒頭には「あらゆる形態の貧困をなくすことが最大の地球規模の課題であり持続可能な開発のための不可欠な必要条件である」と書かれている。

　SDGs の前身である MDGs では，貧困人口を半減することを目標に掲げており，それを達成することができた。1 日 1.25 ドル以下の極度の貧困状態で生活する人々は，1990 年の 19 億人から 2015 年には 8 億 3600 万人にまで半減している。しかしながら，1990 年以降貧困層が減少したのは，中国とインドをはじめとする人口の多い国々が経済成長を遂げ，その恩恵を受けた人が少なくなかったからである。いっぽうで，サハラ以南のアフリカ諸国や紛争地域など貧困率が 80％を超える地域もあり，世界的にも富裕層とそうでない人たちとの格差は拡大しつづけている。いまでも世界人口の約 10 人に 1 人は極度の貧困に苦しみ，人間が必要とする最小限のニーズも満たされていない生活を送っている。また，日本でも国内の貧困や格差が広がり深刻化している。

　発展から取り残された人々は依然として多い。世界では，このような経済成長の恩恵を分かち合う「包括的な経済成長」をどうしたら実現できるのかが大きな関心事になっている。これ以上富が集中し格差が拡大することは，社会の安定や経済成長においてもマイナスの影響をもたらすことが広く認識されているからだ。2019 年の世界経済フォーラム（ダボス会議）でも開発から取り残された人々へのケアが重要であるという認識が示された。

　貧困は子どもたちにとって深刻で多面的な影響を与える。貧困層の子どもたちは，栄養不良のためにそうでない子どもたちと比べて発育が遅れたり，貧困

が原因で教育の機会を奪われたりしてることで，将来にわたって可能性をも奪われてしまう。

　とくに日本では，教育にお金がかかるために経済的な事情で教育機会を失ってしまう子どもや若者たちが問題になっている。「子どもの貧困」として注目されるようになったこの問題の根底には，大人を含む全世代の貧困問題があり，格差や貧困をより深刻化する社会構造がある。貧困問題を個人の失敗や自己責任であると誤解をしている人もあるかもしれないが，実際はそうではない。貧困を生み出すメカニズムを理解し，ターゲット 1.3 にも明記されているとおり適切な社会保障制度を実現していくことが重要である。同時に地域社会で構築されるセーフティーネットの構築に向けた取り組みにも注目したい。(編者)

目標 1.　あらゆる場所のあらゆる形態の貧困を終わらせる

1.1　2030 年までに，現在 1 日 1.25 ドル未満で生活する人々と定義されている極度の貧困をあらゆる場所で終わらせる。

1.2　2030 年までに，各国定義によるあらゆる次元の貧困状態にある，すべての年齢の男性，女性，子どもの割合を半減させる。

1.3　各国において最低限の基準を含む適切な社会保護制度及び対策を実施し，2030 年までに貧困層及び脆弱層に対し十分な保護を達成する。

1.4　2030 年までに，貧困層及び脆弱層をはじめ，すべての男性及び女性が，基礎的サービスへのアクセス，土地及びその他の形態の財産に対する所有権と管理権限，相続財産，天然資源，適切な新技術，マイクロファイナンスを含む金融サービスに加え，経済的資源についても平等な権利を持つことができるように確保する。

1.5　2030 年までに，貧困層や脆弱な状況にある人々の強靭性（レジリエンス）を構築し，気候変動に関連する極端な気象現象やその他の経済，社会，環境的ショックや災害に暴露や脆弱性を軽減する。

　貧困は，2000年前後まではわが国の敗戦直後の戦争孤児たちの地下道暮らしやアフリカ諸国の飢餓のなかでやせ細ったからだの子どものたちの映像にみられる絶対的貧困状態 [1] が多くの人たちのイメージでもあった。現在においては，テレビや実際に目にするホームレスの人々の姿が貧困のイメージなのかもしれない [2]。その感覚は現代社会においては自らの暮らしとはかけ離れた"特別な事情をかかえた"人々の物語ととらえられていることも少なくない。しかし，はたしてそうなのだろうか。

　貧困という人間生活の環境がどのようにつくられ，その現実にいかに社会的に対応しようとする社会が形成されつつあるのかを考えてみたい。貧困という事実を，あなた自身はどう受け止め，貧困といかに向き合うべきと考えられるのであろうか。

(1) 絶対的貧困と相対的貧困

　国連開発計画 (UNPD) では，「教育，しごと，食料，保健医療，飲料水，住居，エネルギーなど最も基本的な物・サービスを手に入れられない状態のこと」を貧困と定義している。貧困は絶対的貧困と相対的貧困に分類されている。

　絶対的貧困とは，衣食住などの人間らしい必要最低条件が満たされていない状態のことである。相対的貧困とは，「国民所得の中央値の半分未満」の状態にあることをいう。「中央値」は50％未満と多くの国で設定されているが，イギリスのように中央値の60％に貧困線を設定されている国もある。中央値とは「データを小さい順に並べたとき中央に位置する値」のことである。中央値に対して60％というように貧困線を高く設定すれば，貧困率が高くなる。そのことの意味は貧困施策の対象を拡大するという国・行政の姿勢が示されているのである。わが国において相対的貧困率は，一定基準（貧困線）を下回る等価可処分所得（収入から税金・社会保険料などを除いたいわゆる手取り収入を世帯人員の平方根で割って調整した所得）しか得ていない者の割合をさし。ここでの貧困線とは，等価可処分所得の中央値の半分の額をいう。

表 1-1　国際貧困ラインに基づく地域別貧困率（2015 年）

地　　域	貧困ライン（ドル／日）	貧困率（％）	貧困層の数（百万人）	総人口（百万人）	調査対象割合（％）
東アジア・大洋州地域	1.90	2.32	47.18	2036.62	97.57
ヨーロッパ・中央アジア地域	1.90	1.47	7.15	487.04	89.86
ラテンアメリカ・カリブ海地域	1.90	4.13	25.90	626.57	89.84
中東・北アフリカ地域	1.90	5.01	18.64	371.65	64.63
その他高所得国	1.90	1.90	7.32	1083.59	71.71
南アジア地域	*調査データが限られているため結果表示なし*				21.35
サブサハラ・アフリカ地域	1.90	41.10	413.25	1005.57	1005.57
世界全体	1.90	10.00	735.86	7355.22	66.71
世界全体（高所得国を除く）	1.90	11.62	728.54	6271.63	65.85

注：貧困ギャップとは，貧困層の平均的所得が，貧困ラインを下回っている割合を示す数値
出所：世界銀行 Regional aggregation using 2011 PPP and \$1.9/day poverty

　世界銀行調査によれば，世界の貧困率は，1990 年は 36％という状況であったが，2015 年には 10％に減少している。国際貧困ラインとは，2011 年の購買力平価に基づき，国際貧困ラインを 1 日の生活費 1.90 ドルで計算したものであった。2015 年 10 月以前は，1 日 1.25 ドルで計算している。貧困層の人数は 1990 年では 18 億 9500 万人であったが，2015 年では 7 億 3600 万人と，25 年間で 6 割減となっている。それでも世界の総人口 72 億 7000 万人[3]の約 1 割が貧困という状態にある。ちなみに 2019 年 4 月 3 日現在，貧困層は 7 億 5350 万人である（http://arkot.com/jinkou/）。

　表 1-1 でみれば，世界では 7 億 3586 万人が貧困層にカウントされている。とくにサブサハラ・アフリカ地域における貧困層の数は，4 億 1325 万人と集中している現状がある。

　「貧困をなくすためのゴール（2030 年目標）」として，ターゲット 1.1「2030 年までに，現在 1 日 1.25 ドル未満で生活する人々と定義されている極度の貧困をあらゆる場所で終わらせる」ことを明示し，1.2「2030 年までに，各国定義によるあらゆる次元の貧困状態にある，すべての年齢の男性，女性，子どもの割合を半減させる」ことが掲げられている。そうした目標を具体化していく

ためには，どのような政策立案と貧困をなくすための現場での取り組みと教育が求められ，実践されているのかを紹介し検討することにしよう。

(2) 格差と貧困の深刻化

「格差」とは，経済的に富める者がより所得・貯蓄・資源を増やし，貧しいものがより経済的文化的貧困化もしくは生活の改善ができないままでいるというように，少数の富裕層と大多数の貧困層が両極に広がっている社会の現実である。いわゆる「中間層」といわれてきた経済階層は，より貧困層に流入・吸収され，富裕層にはきわめて限定された少数の"成功者"（起業家や株の投機などで大儲けをした人など）が入り込めるだけである。貧困は，個人および階層の生活実態に照準を合わせた概念であり，そうした現実からみれば，国民生活の貧困化はより進んでいるなかで格差が広がっている。

地球規模でみれば，いわゆる「南北問題」に典型的な国際的な格差がある。その背景には，いわゆる先進国による開発途上国の植民地支配や国際分業論による産業の押しつけ，搾取と収奪といった先進国による経済的文化的支配によって，開発途上国の貧困は拡大し，北半球との格差を拡大してきた歴史的経緯がある。「南北問題」という言葉は，そうした歴史的現実的状況のなかで，先進国は開発途上国のために経済援助をしなければならないという国際連帯と共同の取り組みを呼びかけるための意味をもった言葉でもあった。

近年では新自由主義政策の推進も格差と貧困を拡大し，深刻化させてきた。新自由主義（ネオリベラリズム）とは，1980 年代に登場した政治と経済の思想と政策である。ただし新自由主義は体系的な経済理論として確立したものではなく，むしろ社会政策的政治的手法といった面が強い。市場原理（経済活動に対して公的な規制などを行わず，市場での自由な競争に委ねておくことで，生産活動が適切に調節され，国民生活の安定的な保障が実現するという考え方）に基づいて，基本的な経済活動のあり方として推進する政策である。しかし，実際には国・行政が経済活動の政策的誘導役を担っているのが実際である。経済活動に関して政策による規制を緩和ないしは撤廃し，公立事業の民営化や公的機関に民間

企業の経営方法を積極的に導入し，「小さな政府」を追求した社会経済政策のことである。後述するように，新自由主義は日本の労働状況を変え貧困問題を深刻化させる要因になっている。

表 1-2 は，OECD（経済協力開発機構）加盟国など 34 カ国と地域を対象とした貧困率についてのランキングである。日本の貧困層の人口割合は 16％で，世界の順位でみれば 6 番目に貧困率の高い国となっている。世界平均の貧困層の人口割合（貧困率）は 11％であり，その状況と比較して日本の偏差値は E の次に悪い D ランクと評価されている。貧困率が高くなっている国の 1 位はイスラエルの 21％，2 位はメキシコの 20％，3 位はトルコの 19％である。貧困率を低く抑えている国のトップは，アイスランドの 6％となっている。

表 1-2　世界・貧困層の人口割合ランキング

順位	国または地域	偏差値（％）	評価	
1	イスラエル	21	73.2	E
2	メキシコ	20	70.9	E
3	トルコ	19	68.5	D
4	チリ	18	66.1	D
5	アメリカ	17	63.7	D
6	日　本	16	61.3	D
7	韓　国	15	58.9	C
7	スペイン	15	58.9	C
9	オーストラリア	14	56.5	C
9	ギリシャ	14	56.5	C
11	イタリア	13	54.1	C
12	カナダ	12	51.8	C
12	エストニア	12	51.8	C
14	ポーランド	11	49.4	B
14	ポルトガル	11	49.4	B
16	ニュージーランド	10	47.0	B
16	ベルギー	10	47.0	B
16	スイス	10	47.0	B
16	イギリス	10	47.0	B
20	スウェーデン	9	44.6	B
20	スロベニア	9	44.6	B
20	アイルランド	9	44.6	B
20	ドイツ	9	44.6	B
24	オーストリア	8	44.2	B
24	オランダ	8	42.2	B
24	ノルウェー	8	42.2	B
24	フランス	8	42.2	B
24	スロバキア	8	42.2	B
29	ルクセンブルク	7	39.8	A
29	ハンガリー	7	39.8	A
29	フィンランド	7	39.8	A
32	チェコ	6	37.4	A
32	デンマーク	6	37.4	A
32	アイスランド	6	37.4	A
	世界平均	11	50.0	－

注：世界・貧困層の人口割合ランキング 2010OECD 版
　　（2015 年 7 月 30 日発表の統計を追加）
出所：http://top10.sakura.ne.jp/OECD-INCPOVERTY-T1A.html，2019 年 4

表 1-3　相対的貧困率・子どもの貧困率の年次推移

調査実施年	1985	'88	'91	'94	'97	2000	'03	'06	'09	'12	'15
相対的貧困率（%）	12.0	13.2	13.5	13.7	14.6	15.3	14.9	15.7	16.0	16.1	15.6
子どもの貧困率（%）	10.9	12.9	12.8	12.1	13.4	14.5	13.7	14.2	15.7	16.3	13.9
子どものいる現役世帯（%）	10.3	11.9	11.7	11.2	12.2	13.1	12.5	12.2	14.6	15.1	12.9
大人が一人（%）	54.5	51.4	50.1	53.2	63.1	58.2	58.7	54.3	50.8	54.6	50.8
二人以上（%）	9.6	11.1	10.8	10.2	10.8	11.5	10.5	10.2	12.7	12.4	10.7
名目値（万円）											
中央値（a）	216	227	270	289	297	274	260	254	250	244	245
貧困線（a/2）	108	114	135	144	149	137	130	127	125	122	122

注：貧困率はOECDの作成基準に基づいて算出している。名目値とはその年の等価可処分所得をいう。
　　実質値とは1985（昭和60）年を基準とした消費者物価指数（持家の帰属家賃を除く総合指数）で調
　　整したものである。最新統計は2017年6月27日発表
出所：厚生労働省「国民生活基礎調査の概況」2014年より作成

（3）日本の貧困状況—政策的につくりだされる貧困と貧弱な貧困対策

　日本における相対的貧困率は，表1-3にあるように，貧困率を継続的に調査することになった1985年の12.0%から1997年14.6%，2009年16.0%，2012年16.1%，2015年に15.6%と推移しており，貧困の実態の改善・解決への展望は示されていない。貧困率の高原状態が続いている。

　2016年分の「民間給与実態統計調査」によると，働いても年収が200万円以下のワーキングプア層が1132.3万人となっており前年より1.5万人が増加した一方で，2500万円以上の（区分最上位）の給与所得者は2年連続で増加し，2016年には12万人となった。労働者の実質賃金は安倍政権の発足から，2017年7月までの年間10万円も低下している。雇用形態別でみると，正規雇用者の平均収入は486.9万円，非正規雇用は172.1万でその差は300万円を超えており，格差・貧困の拡大は顕著になっている。

② 貧困はなぜつくられるか

（1）グローバリゼーションと所得の再分配政策

　グローバリゼーションのなかで市場経済と多国籍企業が世界に網の目のよう

に広がり，その役割が大きくなることで当初所得の格差がより大きくなってきたときに，従来のような所得の再分配政策（政府が社会保障と税の控除などの財政手段を用いて，低所得者に所得移転を行う政策）のレベルでは，格差社会の矛盾に対応できない状況になってきた。いわゆるトリクルダウン理論（富める者が富めば，貧しい者にも自然に富がトリクルダウンする─滴り落ちる─とする経済理論）が喧伝され，新自由主義的政策が強引に進められてきたなかで，実際には格差は拡大し，貧困は深刻化してきたことは明らかである。所得の再配分効果をもつべき社会保障制度が政策的に後退・改悪され，税に関して逆累進課税である消費税の導入のもとで，国民の間に格差拡大と貧困の深刻化がいっそう露わになっている。

(2) 労働政策と貧困

　ホームレス問題，生活保護問題，子どもの貧困などの貧困問題の具体的な表れに対して，公的な制度による対応だけでなく，民間団体などによる社会的な広がりをもった取り組みが展開されている。しかし，貧困を生み出す根本問題＝社会構造に視点を当てた分析と論究が行われているとはいいがたい。その点では，"なぜ貧困がつくられるか"の解明が求められており，生活基盤である労働による賃金収入（稼働所得）の現状と問題を分析することが必要不可欠である。

　つぎに，親・保護者の働き方（働かされ方）は低所得水準だけの問題ではなく，雇用者側の自由裁量制によって長時間・コマ切れ・非定型的な労働の実態が家庭生活に否定的な影響を与えている。同時に，失業と雇用調整は働く権利を奪っている現

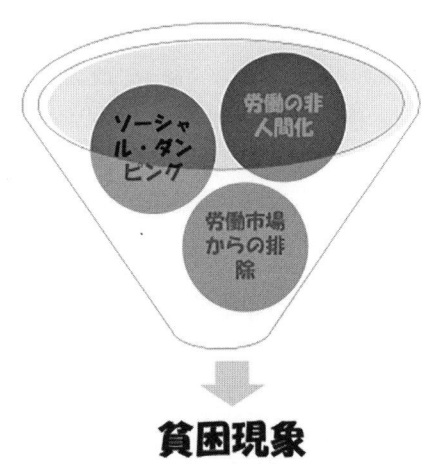

図1-1　貧困を生み出す労働の現実

実がある。

　現代とりわけ世界的な趨勢から遅れて本格的に 1990 年代から展開された新自由主義は労働のあり方を根底から変えることになった。1995 年に発表された日経連 (当時) の「新時代の『日本的経営』」は，従来の年功序列賃金と定年までの雇用を保障した日本型雇用システムを転換させ，社員層を，①企業経営の根幹を担う「長期蓄積能力活用型」の少数の社員，②専門職機能をもった「専門能力活用型」，③定型業務を中心に担わせる「雇用柔軟型」の 3 グループに分けて管理するという労働システムを形成し，労働分野の規制緩和がすすめられた [4]。そうした労働政策の転換が貧困と格差の拡大を進行させ，貧困を生み出し深刻にする供給地盤となってきた。

　現在の労働現場の状況は，図 1-1 のように貧困現象を生み出している。①労働の非人間化＝労働プロセスと労働関係の非人間化の進行は，長時間労働をともなって結果的に家族生活の不安定化へとつながっていく。②ソーシャル・ダンピング (社会的投げ売り)＝政策的に劣悪な労働条件で労働力を安売りすることで，労働者は貧困化をしていく。③労働市場からの排除＝労働力の流動化政策，疾病や解雇などによって失業や未就労となり，事実上の雇用関係から排除されている状況がある。このような貧困を生み出す労働の現実が改善されないままに放置され，より深刻化しているのが現在のわが国の現状である。

③ 貧困と教育の課題

(1) 子どもの貧困とは

　子どもの貧困は，一般的には「家庭内での公平な資源配分を前提に，家族の人数と構成を考慮したうえで，子どもにかけられる所得がその社会で成長する子どもにかけられる所得の中央値の半分以下である」場合に，その存在を確認することになる。

　子どもの貧困は，子どもの権利条約で明記されている子どもの権利が保障されていない生活状況でもある。①衣食住などの基礎的生活が保障されないまま暮らしていたり，②教育・進学の権利が侵害されたままにあり，国・自治体か

らも "見捨てられた" 状態となっており，③人生はじめの段階＝子ども期で希望（人生へのチャレンジ権）を奪われつつある子どもたちの実態がある。

　子どもの貧困を決定する要因は，場合によっては「親の不完全就業，所得の不平等，不十分な所得移転，また場合によっては，手ごろな料金のチャイルドケアが見込めないことなど」5) 数多くある。「親の不完全就業」とは，失業や低賃金で社会保障のないパートタイム就業などが含まれ，日本においてはその多くを女性が占めている。

　厚生労働省の相対的貧困率・子どもの貧困率調査によれば，1985 年に 10.9 ％だった子どもの貧困率は年々増え，2012 年には 16.3 ％にまで増加し，2015 年で 2.4 ポイント減少し 13.9 ％に低下したが，国際的にみれば依然として高い水準にあることは変わりない。

　また 2000〜2016 年の家計収支状況をみると，世帯主の収入は一貫して減少し続けており，それを配偶者収入の増加によって補っている現状がある。それにもかかわらず直接税と社会保険料の負担が増えており，勤労世帯の家計状況は厳しい状況が続いている。

(2) 貧困の深刻さ

　ユニセフ（国連児童基金）が，最貧困層の子どもが標準的な子どもと比べてどれくらい厳しい状況にあるかの報告書（2016 年 4 月 14 日発表）をまとめている。日本は先進 41 カ国中 34 位であり，貧困の格差が少ない北欧諸国では，最貧困層の子どもに配分される所得は標準的な子どもの 6 割ほどであるが，日本は 4 割に満たないレベルで，深刻さが目立っている。

　各自治体でも子どもの貧困に関する調査が行われてきた。2017 年 6 月，北海道は子どもの貧困に関する実態調査の結果を公表した 6)。過去 1 年間に経済的理由で家族が必要とする食料を買えないことがあったと答えた世帯が 20.5 ％に上るなど，子育て世帯の厳しい実態が明らかになった。この調査では家計が「黒字」と答えた世帯が 28.4 ％だった一方，「どちらでもなくぎりぎり」が 43.3 ％，「赤字」が 24.1 ％だった。過去 1 年間に経済的理由で「冬に暖房が使えな

かったことがある」世帯が 8.7％あった。また，「子どもに病院などを受診させた方が良いと思ったが，受診させなかった経験がある」世帯が 17.8％で，受診させなかった理由として 26.4％が「お金がなかった」と回答した。高校 2 年の子どもを対象にした質問では，18.4％がアルバイトをしていると回答，その理由につ

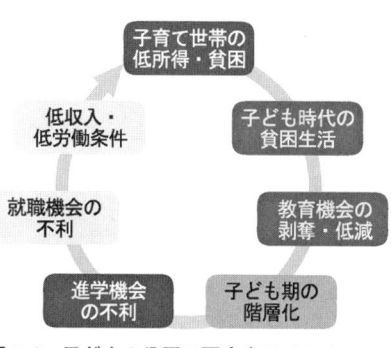

図 1-2　子どもの貧困の再生産サイクル

いて「生活費（家賃・食費・水光熱費）のため」が 24.2％，「授業料のため」が 13.5％，「家族を支えるため」が 35.5％だった。進学については，22.8％が「高校まで」と回答，その理由については 45％が「進学に必要なお金のことが心配だから」と答えた。

　こうした「子どもの貧困」の実際は，「子どもの貧困の再生産サイクル」を形成している。子ども期の貧困生活と教育機会の剥奪・低減は，「子ども期の階層化」という実態へと連動し，進学機会の不利から就職機会の不利，低収入・低労働条件，さらに家族を形成した際には「子育て世帯の低所得・貧困へ」というサイクルが形成される（図 1-2 参照）。

(3) 貧困に抗する取り組み―世界と日本

　世界の貧困に抗する取り組みとして，①人間生活の根幹に位置する食生活への施策，②暮らしのセーフティネットの形成と学び，③コミュニティを基盤にした施策と学びなどを紹介する。

　■事例 1　貧困対策としての朝食サービスの実施を，イギリス（2007 年）では小学校の 46％，中学校の 62％，アメリカ（2010 年）では 12.5 万校のうち約 70％にあたる 8 万 7000 校以上で実施している[7]。すべての子どもが朝食サービスを利用するのではなく，必要な家庭の子どもが登録制で食べられるという制度である。

■事例2　スウェーデンの中学校では，自らの暮らしの安全・安心を保障するセーフティネットの学習を行っている。教科書でも，権利としての生活保護制度の意義が説明されている[8]。

　また子どもたち自身がクラス委員会での討論をふまえて，給食の改善について，3つの重要項目を自治体に提出している。その内容は，①給食への予算配分を2倍にすること，②民主的な投票で決まった人気の料理トップ20—私たちが食べたいのはこれだ，③使い捨て食器類の全廃，などとなっている。子どもの基本的人権保障のあり方，人権教育，主権者教育が具体的に実践されている。

■事例3　カナダのオンタリオ州では，貧困削減に向けた制度と教育に関する取り組みがある。オンタリオ州の取り組みの特徴は，コミュニティでの支援の多様性である。州政府は支援策の大枠を示すが，それを地域でいつ，誰が，誰を対象に，どのような方法で行うかは地域で考えるという，まさにコミュニティハブ（地域の中継拠点）が考え，実行する仕組みとなっている。

　コミュニティハブのデザインは行政のガイドラインや設置基準などが基本的になく，コミュニティハブの運営者たちは地域のニーズに応えることを試行錯誤した結果，それぞれがちがう特徴をもったハブとなっている。その特徴は5つの多様性に集約される。①なりたちの多様性，②対象の多様性，③プログラムの多様性，④つなぎ方の多様性，⑤空間の多様性などである。いくつかの項目を補足しておくと，②は，乳幼児から学童期を対象にしたハブ，LGBTQに焦点化したハブ，言語や文化の壁を超えるユニバーサルなハブ，あらゆるライフステージをカバーするマルチハブなどが用意されている。③は，直接的な子ども家庭支援だけではなく，親の就労，教育，住宅，ユースの創作活動，フードバンク，虐待やいじめ防止，生きるスキル，人権や差別などそれぞれの特徴的なプログラムが準備されている[9]。

　特筆すべきコミュニティハブとして，「LGBTQの人々を支える519コミュニティセンター」をごく簡単に紹介する。519ハブは，設立から40年が経過し，HIV/AIDS感染者，移民，難民，ホームレス，ソーシャルサービスが届きに

くいグループなど，社会から排除されがちな住民へのサービスを提供しつづけている。ジェンダー・セクシュアリティの健康とウェルビーイングに関する14分野，約80種類のプログラムを運営している。アート＆カルチャー（LGBTQの人々による読書会など17プログラム），コミュニティドロップイン（6プログラム），コミュニティサポート（HIV検査など無料の検診と健康相談など14プログラム），自主企画（エイズで亡くなった人々へのメモリアル事業など55プログラム），家族と子ども（性的マイノリティの人たちが親になるために社会，家計，医学，法律などを学ぶ12週実践講座など10プログラム），トランスジェンダーの住民への特定サービス（10プログラム）などが用意されている[10]。

コミュニティハブは「1つとして同じカタチはない」といわれるが，コミュニティハブすべてに共通する理念は，最も弱い立場にある人にサービスを届け，共通の居場所を確保することにある。「このゆるぎない基礎があるから多様性が魅力」となるのである。

日本においても貧困を克服する具体的な取り組みが進められている。

■**事例4**　埼玉県学習支援事業アスポートでは，中学生への学習支援や高校進学をめざす中学生支援を進めてきた。これまで生活困窮世帯や生活保護世帯の子どもを対象に，学習支援事業を実施し，2017年度時点で，中学生教室100教室，高校生教室43教室までに拡大している。学習支援・訪問支援は9年間で2000人への支援を実施いる。さらに子どもの学力や非認知能力の格差は，小学生の段階から発生するとされている調査・研究の知見に基づいて，2018年からモデル事業として困窮世帯の小学生向けの学習・生活支援事業（ジュニア・アスポート事業）を7市町で開始している。

支援の現場をみると，貧困を抜け出したいという中学生の希望をいかに大切にするかが取り組みの原点である。目標をもって挑戦する気持ちの形成の大事さが強調されている。「貧困は蓄積し変態しながら連鎖していく」という特質をもっているとすれば，その連鎖を断ち切る取り組みには，あきらめ意識の醸成と希望の剥奪という"貧困の文化"に向きあう"希望をはぐくむちから"の形成が求められている。それは夢をもつことの重要性でもある。

偏差値的な学力の向上というだけでなく，学ぶことを通して変化し成長していく自らの自己肯定感・観を高めていくこととともに，かかわってくれている大人たちへの信頼感の獲得が希望という挑戦する自己を形成する可能性の広がりへとつながっているのである。それは寄り添っている支援者とともに保護者もこの社会は人間を見捨てない社会という実感を獲得することになっている。

　■**事例5**　NPO法人札幌自由学校「遊」の取り組みは，市民によるSDGsの地域目標づくりである。この取り組みの問題意識の1つに，「国連が打ち出す取り組みが，国内へ，国から自治体へと下りてくるに従い，既存の施策をかき集めたような魂の抜けたものになってしまうことがあった」と指摘する。その反省をふまえて，SDGsをベースとした北海道における地域目標づくりに取り組みを進めている。

　具体的には，目標づくりの市民ワークショップを開催して，北海道の地域性も加味した9つのテーマを設定している。そのなかには，①貧困と格差，③労働と雇用／消費と生産，⑨質の高い教育／ESD（持続可能な開発のための教育）などの項目があげられている。SDGsは「脆弱な人々」に焦点が当てられており，その脆弱性に共通する土台は貧困である。「SDGsを市民の力に」するために，①普遍と具体の往復運動を，②誰一人取り残さない—人権と人間の尊厳を基本に，③過去をみつめながら，未来を描き，方向性を変える，④市民社会スペースの拡充へなどが掲げられている[11]。

　この取り組み事例の特徴は，①SGDsのなかに「地域目標づくり」を市民の運動として位置づけていることであり，②貧困と労働政策を地域発展の土台として政策課題としていることであり，③人権と人間の尊厳をすべての人に保障する視点を貫いて議論を進めていることである。こうした取り組みを地域の市民組織がどう担っていくのかが今後の貧困問題への対応とともに，SGDsへのアプローチを具体化するうえでも重要なアクションとなっている。

4 貧困根絶の可能性と課題

(1) 国・行政が取り組むべき課題

ターゲット 1.3 には，「各国において最低限の基準を含む適切な社会保護制度及び対策を実施し，2030 年までに貧困層及び脆弱層に対し十分な保護を達成する」が掲げられている。

国・行政が取り組むべき課題の第 1 は，法律・制度に関する課題がある。子ども・若者育成支援推進法 (2009 年)，子どもの貧困対策法 (2013 年) などがあるが，あくまでも年齢が限定された貧困対策法であり，生活保護法は成人を前提にした法律である。それらは理念的にも保障水準においてもきわめて低いのが実際である。生活保護支給額の低さだけでなく，生活保護の捕捉率 (生活保護を利用する生活実態にある人のうち現に利用している人の割合) の低さが突出している。たとえばドイツが 64.6％，フランス 91.6％，イギリス 47〜90％，スウェーデン 82％に対して，日本は 15.3〜18.0％となっている [12]。こうした現実は国民の権利行使が抑制されていることを示している。その点では権利として教育・福祉の理念に立脚した包括的生活保障法の制定が求められている。あわせて自治体レベルでの包括的貧困対策条例の制定などの課題をあげておく。

それらの法律や条例に盛り込むべき事項は，①必要な人を誰一人も見捨てない人権保障法としての理念を明記し，実質化していく条項の整備が問われている，②貧困の定義と基準を法の対象として確定していくことも重要な課題である，③包括的生活保障法では，期限を設定したうえで貧困率の改善目標を明記することは必要不可欠の課題である。補足的にいえば，子どもの貧困対策条例の制定を促進する運動は，市町村における貧困問題への取り組みを発展させていくうえで不可欠の課題である。

第 2 に，国家予算対策の編成上の着眼点の改革が必要である。国民の税金をどこに使うのかが問われており，相対的貧困率 15.6％ (2018 年 1 月現在，全人口の 1 億 2659 万人のうち約 1975 万人が貧困層) を対象とした貧困対策を骨格とした生活保障分野に本格的に財政を投入するのかが求められている。オスプレイや戦闘機，戦艦よりも人間の安全保障に財政投入の力点をおくことで，税金の

流れを国民に向けていくかどうかが問われている。

　第3として，貧困を軽減・緩和・解決するための行政と民間団体・個人のネットワークの形成が重要な課題としてある。家族生活を対象に考えると，プラットフォーム（足場，水先案内）として位置づくのは，行政，学校，保育所，NPO団体，民間団体などである。その際に大事にしたいことは当事者団体がどこまでかかわり，発言していくのかを意識的に追究していく課題への取り組みである。その点でいえば，公務労働の民営化・民間化が進行していることは，「住民の福祉の増進」（地方自治法第1条の2）を目的とする自治体の基本的役割を果たすうえで逆行している。この点の改善への方針と予算づけは不可欠の課題となっている。

　第4として，貧困解決のためのロードマップの作成が求められている。それは国だけではなく，自治体レベルでも解決への具体案の作成が求められている。

　第5に，上記の課題に本気で対応するためには，国・自治体において，貧困を中心課題とした担当部局を設置することが必要である。担当体制の包括的あり方が問われているのである。

　第6に，これらの課題に取り組むソーシャルアクションを組織化していくことも重要な課題である。むしろ運動なくして，貧困解決への道を拓くことはできない。

　人間を見捨てない国，人間を大切にする国への転換が問われる大きなテーマが貧困問題である。「貧困」解決への本気度が国・自治体にあるかどうかが試されているのだが，依然として行政施策による解決へのアプローチがなされているとはいえない。貧困を解決するための施策の柱は，前提としての実態把握のための貧困調査と資料の収集，具体的な施策としての現金給付と現物給付の2つの側面から考えることが必要である。そのうえで法制度・政策上の抜本的解決への道が求められている[13]。

　貧困は人間社会が生みだしたものでるから，その根源に戦略的政策的にアプローチし，貧困を削減し根絶していく制度と社会構造を構築していくことは可能な課題である。これまでの歴史は，貧困とのせめぎあいのなかで歩まざるを

得なかったが，SDGs における貧困をなくすためのゴール（2030 年目標）という明確な目標が人類の共通課題として設定された。問題は，各国政府，国際団体，民間組織，世界の人々がこの目標に本気で取り組むかどうかの意思が問われている。

注および引用・参考文献

1) 「絶対的貧困」とは，必要な食べ物が確保できないで栄養失調や飢餓の状態であったり，伝染病感染の危機がきわめて高い不衛生な状況であったり，住む家さえないなどの人間として最低限の生存を維持することが困難な状態のことをいう。それに対して「相対的貧困」とは，その国の経済水準や生活，健康，文化，教育水準などに比較して，いわば普通の生活を営むことが困難な状態のことをいう。貧困にはこうした 2 つの側面からとらえることができるが，現在の世界をみると，絶対的貧困と相対的貧困が混在しているのが実際である。絶対的貧困は日本においても過去のことではない。
2) 日本でも年越し派遣村が 2008 年 12 月 31 日に日比谷公園に開設され，自立生活サポートセンター・もやい，全国コミュニティ・ユニオン連合会などが中心となって組織された実行委員会が，炊き出しや生活相談，職業相談，生活保護申請の取り組みを行うことで，貧困・格差の広がりが可視化されることで，日本の貧困への社会的注目を集めた。
3) 総務省統計局（2017）『世界の統計 2017』（UN, World Population Prospects: The 2015 Revision）
4) 中野麻美（2006）『労働ダンピング』岩波書店，iv-v 頁
5) OECD 編著（2011）『OECD 保育白書—人生のはじまりこそ力強く』原題：*Starting Strong II*，明石書店，41 頁
6) 北海道大学・北海道保健福祉部共同実施「北海道子どもの生活実態調査結果報告書」2017 年 6 月
7) 子どもの貧困・社会排除問題研究プロジェクト最終報告書（2011）『地域は子どもの貧困・社会排除にどう向かい合うのか—あらかわシステム』荒川区自治総合研究所，74 頁
8) スウェーデン中学教科書（1997）『あなた自身の社会』新評論
9) 大谷担当「第 2 部　コミュニティハブは子どもと家庭に支援をつなぐ地域の最前線」畑千鶴乃・大谷由紀子・菊池幸工（2018）『子どもの権利最前線—カナダ・オンタリオ州の挑戦』かもがわ出版，43-105 頁
10) 同上書，82-92 頁
11) 小泉雅弘（2018）「SDGs・市民・先住民族—SDGs 北海道の地域目標づくりの試みから」『国際人権広場』NO.141，アジア・太平洋人権情報センター，8-9 頁
12) 生活保護問題対策全国会議監修，尾藤廣喜・小久保哲郎・吉永純編著（2011）『生活保護「改革」ここが焦点だ！』あけび書房
13) 浅井春夫（2017）『「子どもの貧困」解決への道』自治体研究社の第 4 章「『子どもの貧困対策法』批判，『子どもの貧困対策条例』の提案」を参照のこと。

地域の子どもを地域で見守り育てる
—豊島子ども WAKUWAKU ネットワークの活動—

① 見かけではわからない「子どもの貧困」

　筆者は，2003 年から池袋本町プレーパークの代表として活動してきた。子どもが小さかったころは，週末になると朝から夕方までプレーパークで過ごした。するとわが子だけではなく，そこにいる子どもすべてが大切な子どもに思えるようになっていった。プレーパークにやって来るのは，主に小中学生であるが，昼ご飯も食べずに一日中滞在する子が複数いた。なかには「昨日からご飯を食べていない，何かちょうだい」と毎週のように言ってくる子もいた。いっぽうで，親が土曜日曜も仕事で毎回1000 円札を持ってきて，プレーパークとコンビニを何往復もして，友だちの分までカップ麺やお菓子を買い，食べちらかして過ごす子もいた。

　自分たちは親でも先生でもないが，「土曜日・日曜日だけでも，プレーリーダーや地域のおとなが子どもたちにしっかり向きあおう」と決め，子どもの「ねえねえ，聞いて！」に応えてきた。そしてプレーパークで出会った気になる子どもには，継続的な「おせっかい」をしてきた。

　2011 年夏，プレーパーク常連の T 君が「俺，高校に行けないかもしれない」とつぶやいた。このことがきっかけとなり，筆者の自宅で無料塾を始めることにした。T君は母子家庭で母親はダブルワーク，夕飯はいつも一人でコンビニのお弁当を食べていて，朝食はいつも食べないと話してくれた。小数点や分数の意味や勉強のやり方がわからないこと，毎日お金の心配をしていることもわかった。

　「教育者でもないのに，受験に失敗したときに責任が取れるのか」という批判も聞こえてきたが，目の前で困っている T 君をほっとくわけにはいかなかった。勉強を伴走してくれる大学生のボランティアを募り，一緒に夕飯を食べ勉強する環境をつくった。さらに模擬試験や冬期補習塾につなげるにはお金が必要だったので地域の知り合いに 1000 円のカンパを募ったところ，約 80 人から 12 万円の支援が集った。物心ともに地域に見守られ受験した T 君は 2012 年春，都立高校に進学した。

　ちょうどそのころ，厚生労働省が子どもの貧困率は 15.7% で 7 人に 1 人が貧困と公表した（厚生労働省「平成 22 年国民生活基礎調査の概況」2011 年）。「子どもの貧困」は見かけではわからないが，経済的に困窮している子どもは，プレーパークだけでなく町全体にいる。そこで T 君への 1000 円カンパでつながった仲間に，地域の子どもを地域で見守り育てるための，緩やかなつながりを創りましょう！と呼びかけ，2012年「豊島子ども WAKUWAKU ネットワーク」（以下，WAKUWAKU）を設立した。

　このように始められた WAKUWAKU は，地域住民主体の NPO 法人として，「地域を変える，子どもが変わる，未来を変える」をキャッチフレーズに，地域の子どもを地域で見守り育てるために活動している。

　WAKUWAKU では「遊びサポート」「学びサポート」「暮らしサポート」の 3 つの事業で子どもの生活全体を支え，多様な居場所が点在することをめざしている。居場所は子どもや保護者が安心して過ごせて，地域の人とつながる場である。

（1）遊びサポート

　池袋本町プレーパークは，火を焚いたり，木に登ったり，穴をほったり，泥んこ遊びなど，自然のなかの素材や道具を使いながら，子どもが「おもしろそう！」「やってみたい！」を実現できるところだ。プレーパークには子どもの安全を見守るとともに，遊びたいという気持ちを引きだす遊びの専門職であるプレーリーダーがいる。誰もが自由に出入りできる遊び場だから，自ら相談窓口に行くすべを知らない子どものSOS を直接キャッチでき，継続的に見守っていける。また柔軟な対応が可能であるため，子どもから始まり家庭の支援へと発展するケースも多い。

　2014 年度からは，WAKUWAKU が豊島区子ども若者課より池袋本町プレーパーク事業を受託し，常設プレーパークとして運営している。子どもの成長に欠かすことができない外遊びを思いっきりできる場を広げるために，豊島区内の公園や保育園などで「出張プレーパーク」も実施している。

（2）学びサポート

　2013 年春，無料学習支援「池袋 WAKUWAKU 勉強会」の活動をはじめた。T 君の受験サポートで中学生からの支援では遅いと痛感したため，基礎学力が定着する小学校低学年の子どもが参加できるように区民集会室を会場に開催している。毎週火曜日，15〜20 時の開催で，約 20 名の地域住民と学生ボランティアが，50 名の子どもに寄り添っている。不登校の子どもや外国にルーツをもつ子ども，年齢もさまざまな，ごちゃまぜの勉強会である。ボランティア学生は，勉強を教えるだけではなく，一緒に遊び，困りごとや悩みを相談してもらえる関係づくりを心がけている。

　学習支援の場で，ある小学生が「海を見たことない」とつぶやいた。そのつぶやきが，ボランティア学生の心を動かし，学生たちはさっそく海水浴キャンプを実行した。いまや学生たちは子どものつぶやきを拾い上げ，さまざまな経験の場を創出している。たとえばバーベキュー，遊園地，博物館，劇場や映画館に子どもたちと出かけ，ときには高校見学や学校説明会にも同行する。

　外国にルーツをもつ中学 3 年 B 君は「修学旅行に行かない」という。母親に尋ねてみると，給食費や旅行費を滞納していた。さっそく修学援助（義務教育である小中学生の子どもがいる困窮家庭に，学用品費や学校給食費や修学旅行費など，義務教育に資する費用を市町村が援助する制度。対象家庭でも，毎年保護者が自己申請しなくては受給できない）を申請してもらい修学旅行に行くことができた。両親が日本語の読み書きができなかったために，学校が案内文を配布しただけでは制度につながらないケースであった。そこで 2015 年からは，親のための勉強会も併設している。

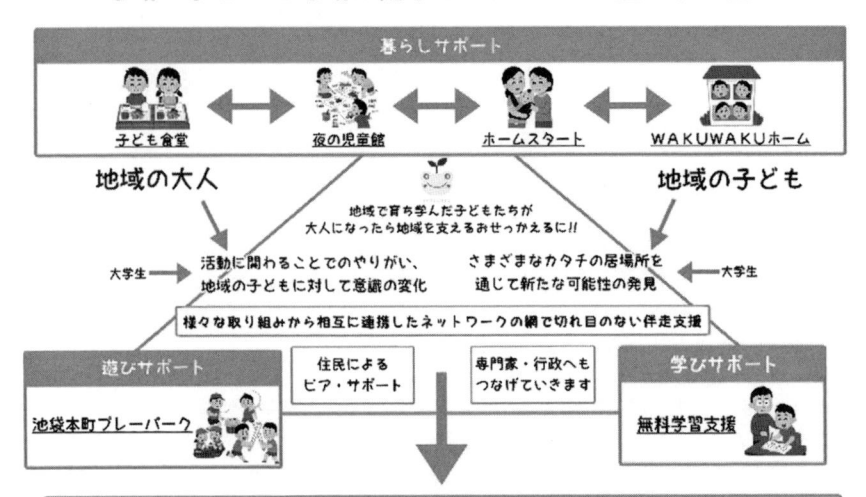

地域の子どもを地域が見守るための3つの主な取り組み

（3）暮らしサポート

　暮らしサポートとして，「子ども食堂」「夜の児童館」「ホームスタートわくわく」「WAKUWAKU ホーム」を実施している。

　現在 WAKUWAKU では4カ所の「子ども食堂」を運営している。開店日は月に2回，開店時間は夕方の2〜3時間で，ボランティアスタッフと食材の寄付で成り立っている活動である。果物付きの定食を大人 300 円で，子どもやひとり親家庭は無料で提供している。当初は「子どもにご飯を食べさせるのは親の仕事だ。子ども食堂ができれば親が怠けてしまうのではないか！」という批判もあったが，ここ数年で子ども食堂は食を介して交流する場として注目されている。ともにご飯をつくること，食べることで関係も深めていく。

　2014 年からは，毎週火曜日 16〜20 時に，「夜の児童館」を，孤食の子どもを対象に登録制（無料）で，お寺の施設を借りて開催している。

　2016 年からは地域の先輩ママが乳幼児親子の家に無料で訪問し，ママの話を聴いたり，一緒に家事をしたり，外出したりする「ホームスタートわくわく」を始めた。「ホームスタートわくわく」のキーワードは「フレンドリー」である。専門職にはむずかしいフラットな関係をつくり，プレーパークや子ども食堂につなぐことができる。なるべく早い時期からかかわることで，子育てのストレスを分かち合い，地域から孤立を防ぐことが目的である。

2017 年春，5DKK の一軒家を借りて WAKUWAKU ホームという拠点ができた。これは筆者とともに WAKUWAKU を立ち上げた事務局長の天野敬子の「宿泊機能をもつ居場所をつくりたい。保護者が疲れた時や親子関係が煮詰まった時に，親子が少し距離を置ける場があることで，虐待予防になる。親戚の家に行くような感覚で，地域の中に泊まれる場所があれば，救われる子どもはたくさんいる」という思いがカタチになったものである。天野は，20 年前から不登校の子どもと親の支援を始め，2008 年からスクールソーシャルワーカーの仕事もしている。問題をかかえる子どもとかかわってきた経験から，貧困は孤立を生むことが多く，虐待や不登校といった問題につながりやすいと感じていた。

WAKUWAKU ホームに宿泊できるのは小学生以上の子どもたちで，親の承諾を得て預かっている。豊島区に暮らすひとり親家庭は大半が狭い借家住まいで逃げ場がない。そのため思春期で親とぶつかってやって来る中高生も増えている。親自身も離婚や仕事のストレスで精神的に不安定になり，子どもはネグレクトや心理的虐待を受けており，なおかつ貧困家庭である場合が多い。天野夫妻が管理人としてホームに住んでいるので，さまざまな活動でつながった親子がいつでも利用できる。

③ 包摂するためのネットワークづくり

WAKUWAKU では，子どもを支援する有機的なネットワークの構築をめざしている。また，支援者同志のネットワークづくりも手がけている。

豊島区内のすべての子どもが地域の無料学習支援や子ども食堂に行けるような環境にするには，居場所を点在化させることが必要である。居場所でつながり継続的に子どもや家庭を伴走支援するには，地域の人が居場所づくりにかかわることが好ましいと思う。これまでに豊島区では，それぞれの地域で無料学習支援や子ども食堂，プレーパークを創りたいという地域住民が現れ，WAKUWAKU がバックアップしてきた。

2015 年には社会福祉協議会が事務局となり「としま子ども学習支援ネットワーク」が設立された。貧困の連鎖を断つための，地域に根ざしたネットワークで，毎月 1 回開催される定例会には学習支援団体と，行政の関連部署の職員や社会福祉協議会のコミュニティーソーシャルワーカーが活発な意見交換を行っている。

また，同 2015 年に豊島区内で開催した「子ども食堂サミット 2015」がきっかけとなり，都内で子ども食堂を立ち上げた団体とともに「こども食堂ネットワーク」が発足した。現在は㈱カタログハウスが「全国こども食堂ネットワーク」の事務局を担っている。2016 年からは「広がれ，子ども食堂の輪！全国ツアー」と銘打って，子ども食堂の啓発イベントを実施した。研究者・貧困問題に取り組む団体や老人給食支援団体，全国社会福祉協議会などに呼びかけ実行委員会を結成し，2019 年 3 月までの 3 年間に貧困問題やフードバンクをテーマとしたイベントをすべての都道府県で実施した。2019 年現在，子ども食堂は全国に 3700 カ所以上に増え，県や市町で大小さまざまなネットワークが構築されている。子ども食堂の中間支援団体も複数発足し，継続的に子ども食堂を運営するための資金調達や衛生管理，立ち上げ支援などの情報をネ

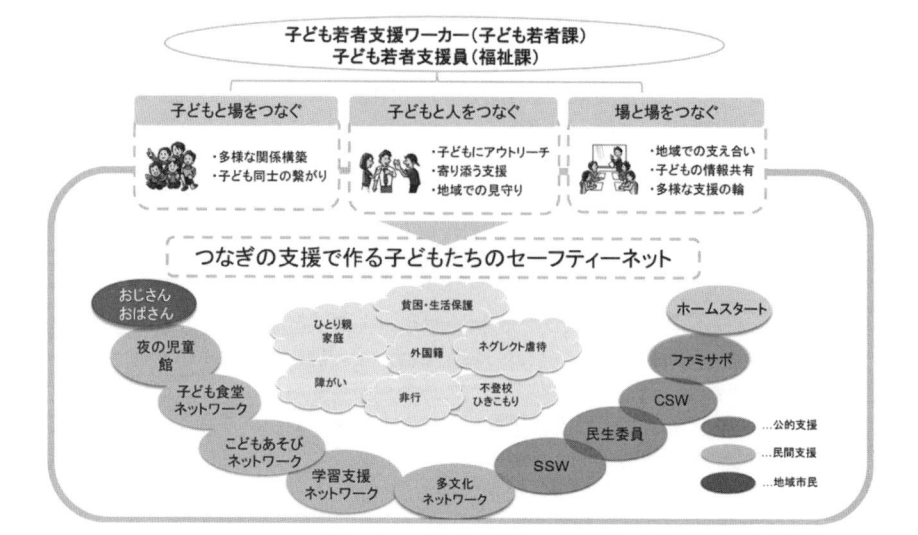

ットワークを通じて発信している。

　豊島区でも2016年に「豊島子ども食堂ネットワーク」を設立し，豊島区子ども若者課が事務局を担っている。また「多文化としまネットワーク」（外国にルーツをもつ子どもと家庭支援のためのネットワーク），豊島遊びネットワーク準備会も地域住民が積極的につくっている。行政も豊島区福祉課に子ども若者支援員を2名，子ども若者課に子ども若者支援コーディネーターを2名配置し，さらに子ども若者総合相談「アシスとしま」を開設した。つなぎ支援でつくる子どもたちのセーフティーネットが少しずつ，カタチになってきた。

4 パートナーシップで「くう，ねる，まなぶ」の支援を創る

　居場所が点在化することで，子どもや親のニーズやウォンツがみえてきた。それは子どもが安心して成長するために必要な「くう，ねる，まなぶ」の支援である。2013年に子ども貧困対策推進法が成立して，貧困家庭の子どもの支援制度は少し前進した。しかし児童扶養手当の拡充，住宅手当や家賃補助，高校の修学援助など，まだまだ支援の必要性を感じている。ネットワークや異分野の社会資源との連携で，制度ではカバーできない支援づくりに挑戦している。

　2018年からは「パントリーピックアップ」にチャレンジしている。これはひとり親世帯や困窮世帯に豊島区内の会場に直接来てもらい，フードバンクの食材や，洋服・日用品などを，自由に選び無料で持ち帰ってもらう取り組みだ。毎回ボランティアスタッフが約20名，ピックアップに参加するひとり親が約40〜70名集まる。会場にはカフェスペースをつくり，情報交換や悩みを分かちあっている。2018年度には年間

10回のパントリーピックアップを開催した。1回に平均60世帯が参加し，5000円前後の食材などを持ち帰る。計算すると延べ300万円分の経済支援と，食品ロス削減を可能にした。

　また，「WAKUWAKU入学応援給付金」は，子どもたちの「まなぶ」を支援する仕組みである。これは，「高校受験が終わって子どもは喜んでいるが，制服代や教科書代が工面できない」というひとり親の声を聞き，つながりのある子どもに制服代を給付してきた。2018年からは，企業からの寄附を原資に困窮家庭の公立中学3年生50名に，4万円の高校入学応援金を直接会ってわたした。わたす際にはプロボノ弁護士が同席し，ヒアリングをする。ヒアリングから面会交流や養育費などの相談につながるケースもある。2019年からは，豊島区立小学校1年生に入学する児童20人にも2万円の入学応援金を給付した。給付をきっかけに早期に地域がおせっかいできる関係を築き，孤立しがちな親子を包摂することがねらいである。

　そして，居住環境の整備は喫緊の課題である。豊島区は全国でも空き家率が高く，住宅困難者が多い。2019年4月には，誰もが安全で安心して住み続けられるまちづくりと多様なライフスタイルの実現のために「豊島区空家活用条例」が制定された。WAKUWAKU独自の調査でも，ひとり親家庭の多くが低水準の居住環境で暮らしていることがわかり，2016年には豊島区居住支援協議会に加盟し，これまでに2世帯のひとり親家庭を空き家にマッチングした。今後は子ども食堂にかかわっている地域のおせっかいさんが，空き家の発掘やオーナーの説得を担い，子どもの住環境を積極的に改善していきたい。

⑤ オセッカエルが持続可能な地域をつくる

　WAKUWAKUのシンボルマークは，ピンクのオセッカエルである。地域でおせっかいをされた子は，やがて「オセッカエル」になるという意味がこめられている。

OSEKKAERU

　Mさんは8人家族で，家で勉強するスペースがなかった。高校受験の勉強スペースを求めて無料学習支援につながった。夢は幼稚園教諭。だが生活保護家庭のため大学や専門学校進学はあきらめていた。家庭環境で夢をあきらめてほしくない。そう思い，高校2年の夏，かかえている困難や夢を新聞に掲載してもらったところ，篤志家から学費全額援助の申し出があった。こうしてMさんは短大進学する夢が叶ったのだ。現在就職し，元気で暮らすMさんの姿を見かけると，筆者も元気をもらう。

　さまざまな居場所を通じて，子どもに出会い，話に耳を傾けることでみえてくることがある。知り合うことでかけがえのない子どもになり，育ちを見守り応援したくなる。いま，全国に広がる子ども食堂をはじめとする子ども居場所は，オセッカエルを増殖し，未来を明るく変える可能性があると信じている。

第2章
飢餓をゼロに
飢餓を終わらせ，食料安全保障及び栄養改善を実現し，持続可能な農業を促進する

　目標2では，飢えをなくし，誰もが栄養のある食料を手に入れられるように，地球環境を守りながら農業を進めていくことがめざされている。貧困の解消とあわせて「誰一人取り残さない」を掲げるSDGsの基本精神を表す目標である。

　栄養不良は，子どもたちの成長・発育を妨げる深刻な問題である。国内でも世界でも学校給食は子どもたちの栄養不良の改善に貢献しており，目標2は子どもの発達や教育と深くかかわっている。国連食糧農業機関（FAO）によると世界は十分な食料生産を行っているが，世界中で生産される食品の3分の1は無駄に廃棄されており，飢餓は世界の不平等な富の分配や不適切な生産と消費パターンによって生み出されている。つまり，飢餓は，日本をはじめとする先進諸国の飽食と密接にかかわっている。しかし現状では，消費者にとって誰がどこでどのようにつくった食料なのかが見えにくい。まずは，私たちの暮らしが生み出している問題点について，教育を通じて"気づく"ことが重要になる。

　目標2について学ぶことは，食というきわめて身近なテーマから世界の課題や持続可能な社会について考えることにもつながる。食は子どもたちにとって身近なものであり，すぐれた教材になりうる。また，食品ロスを減らす調理の工夫をSNSでシェアする試みや食品購入時に一定額の寄付を途上国の食料支援にあてるレッドカップキャンペーンなどは手軽に取り組めるうえに，人々が飢餓問題に関心をもつきっかけとしての教育的効果もある。本章で紹介するように，すでに学校や地域では農業や食に"ついて"学ぶだけでなく，農業や食を"通じて"子どもたちを育てる試みがなされている。

　目標2は，持続可能な農業や食料の安全保障にもかかわっている。飢餓を解消するには食料の生産が安定的に行われることが必要であるが，現状では食料生産の基盤となる自然環境の悪化や気候変動の影響によって，一層困難な事態

が予想されている。食料の供給と消費のシステムを変革し，増大する世界人口のニーズにこたえられるような持続可能な農業と食料生産の実現が必須である。同時に，飢餓を生み出す不公平な食料の配分という社会システムも変えなければならない。日本で持続可能な農業を実現し低い食料自給率を向上させれば，世界の食料事情の改善にも貢献することへとつながる。既存の農法から持続可能な食料生産へと転換するためには，生産者が既存の農業の課題点を理解し，新しい農法でも収益は減少せず経営を続けていけることを知る必要がある。生産者相互の学びあいや新しい農法を試みる生産者を支える消費者との交流は，持続可能な食料生産を後押しする。食育や食農教育，グリーンツーリズムには，地域レベルで食と農の問題解決に向けた取り組みとしての可能性が秘められている。(編者)

目標2. 飢餓を終わらせ，食料安全保障及び栄養改善を実現し，持続可能な農業を促進する

2.1 2030 年までに，飢餓を撲滅し，すべての人々，特に貧困層及び幼児を含む脆弱な立場にある人々が一年中安全かつ栄養のある食料を十分得られるようにする。

2.2 5 歳未満の子どもの発育阻害や消耗性疾患について国際的に合意されたターゲットを 2025 年までに達成するなど，2030 年までにあらゆる形態の栄養不良を解消し，若年女子，妊婦・授乳婦及び高齢者の栄養ニーズへの対処を行う。

2.3 2030 年までに，土地，その他の生産資源や，投入財，知識，金融サービス，市場及び高付加価値化や非農業雇用の機会への確実かつ平等なアクセスの確保などを通じて，女性，先住民，家族農家，牧畜民及び漁業者をはじめとする小規模食料生産者の農業生産性及び所得を倍増させる。

2.4 2030 年までに，生産性を向上させ，生産量を増やし，生態系を維持し，気候変動や極端な気象現象，干ばつ，洪水及びその他の災害に対する適応能力を向上させ，漸進的に土地と土壌の質を改善させるような，持続可能な食料生産システムを確保し，強靭（レジリエント）な農業を実践する。

2.5 2020 年までに，国，地域及び国際レベルで適正に管理及び多様化された種子・植物バンクなども通じて，種子，栽培植物，飼育・家畜化された動物及びこれらの近縁野生種の遺伝的多様性を維持し，国際的合意に基づき，遺伝資源及びこれに関連する伝統的な知識へのアクセス及びその利用から生じる利益の公正かつ衡平な配分を促進する。

(1) どうして飢餓が起きるのか？　紛争・異常気象で増える飢餓人口

　目標2は，5つのターゲット「2.1　飢餓を撲滅する」「2.2　栄養不良を解消する」「2.3　小規模食料生産者の所得を倍増させる」「2.4　持続可能な食料生産システムを確保し，強靭な農業を実践する」「2.5　遺伝資源や伝統的な知識へのアクセスと利用から生じる利益を公平かつ衡平に配分する」と3つの実施手段が記載されている。こうしたターゲットのいずれもが，一見すると発展途上国の問題であり，私たち先進国には無縁のものであるようにみえるかもしれないが，私たちの暮らしと密着した課題として理解すべき目標である。

　世界で飢えに苦しんでいる人の数は，8億2100万人（2017年）にのぼると報告されている（WFP，FAO）。飢餓とは，「健康で活動的な暮らしを営むための十分な食糧を得られない」状態とされている（WFP）。飢餓や栄養不良の影響は広範囲に及ぶ。十分に食事がとれなければ仕事や勉強に集中し活動的で創造的な暮らしを送ることができなくなる。妊娠期の女性が栄養不良であれば，胎児やその子どもの発育にも影響を及ぼす。栄養不良は免疫力を低下させ病気のリスクが高まる。世界的にみると，5歳未満の子どもの死因のうち栄養不良が直接または間接的な要因にあると考えられており，栄養不良による子どもの死亡数はエイズ・マラリア・結核の死者数の合計を上回っている（WFP）。

　これまで国際社会は，飢餓を深刻な問題として取り組んできた。たとえば，飢餓の撲滅を目的に設立され，活動している国際機関として，国際連合食糧農業機関（Food and Agriculture Organization：FAO）と国際連合世界食糧計画（United Nations World Food Programme：WFP）がよく知られている。FAOは第二次世界大戦中に設置された連合国食糧農業会議と万国農業協会（1905年～）を母体に，「人々が健全で活発な生活をおくるために十分な量・質の食料への定期的アクセスを確保し，すべての人々の食料安全保障を達成する」ことを目的に1945年に設立された。WFPは，1961年の国連総会とFAOの決議に基づいて1962年に設立された，食料欠乏国への食料援助と天災などの被災国に対して緊急援助し，経済・社会の開発を促進する国際連合の機関である。

飢餓には「緊急的な飢餓状態」と「慢性的な飢餓状態」がある。「緊急的な飢餓」とは紛争や災害などの緊急時に食料の不足が生じることで，解消のためにWFPをはじめとする緊急の食料援助が対策として行われる。「慢性的な飢餓」とは慢性的な栄養不良のことで，世界の飢餓人口のほとんどを占めるのはこの慢性的な飢餓の問題である。じつは，すでに今でも世界人口を養うに足りるだけの食料が生産されている。にもかかわらず世界人口に占める栄養不足蔓延率（栄養不足人口の割合）が10.9%（2014～2016年FAO推定値）もあるのは，生産された食料の不平等な配分という構造的な問題がなくならないからである。

2015年までを達成年としたミレニアム開発目標（MDGs）にも「飢餓の撲滅」が掲げられており，1990年代と比べると飢餓人口は半数程度まで減少した。しかしながら，2014年の飢餓人口は7億8300万人であり2015年以降に再び増加に転じて，3年連続で世界の飢餓人口は増加している。世界ではいまなお

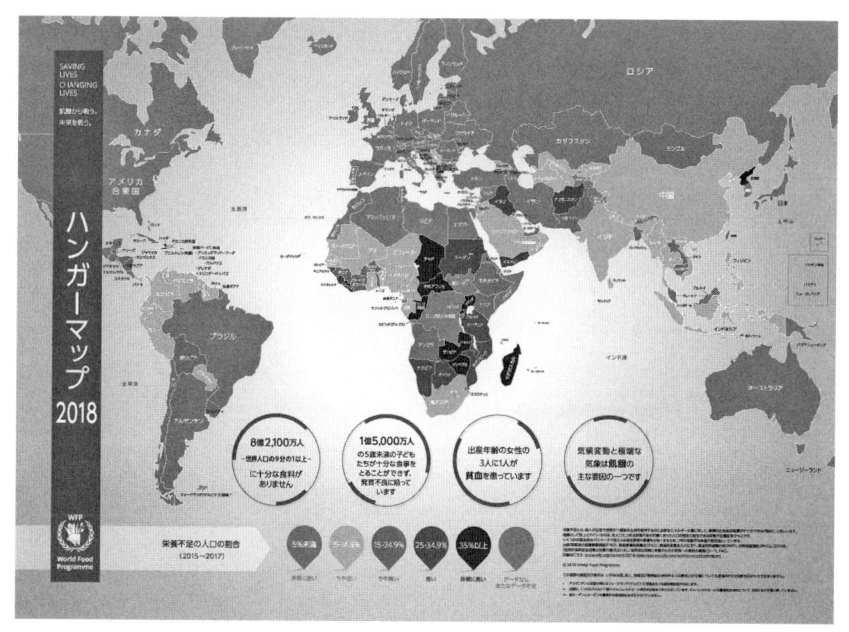

図2-1　ハンガーマップ2018

出所：https://ja1.wfp.org/publications/hungermapjp-2018

9人に1人 (2017年，WFP，FAO) が飢餓に苦しんでいる。その要因として，武力紛争や気候変動による異常気象や自然災害の発生があげられている。飢餓人口の約20%がアフリカ，約12%がアジアであり，これらの地域では異常気象による干ばつや洪水が頻繁に発生しているのである (図2-1)。目標2の達成に向けて，新たな脅威の存在も認識しなければならないだろう。

(2) 「高く売って，安く買う」という食料戦略

　この問題を日本国内でとらえ直したとき，まず問題とされるのが食料自給率であろう。2016年度の食料自給率は，熱供給量ベースで38%，生産額ベースで68%となっている (図2-2)。熱供給量ベースの自給率とは，摂取カロリーのうちどれだけが国内産の農作物でまかなわれているかを示すもので，カロリーベースの自給率といわれることもある。そのため低カロリーの食料生産が増えても熱供給量ベースには反映されにくい。いっぽうで，生産額ベースの食料自給率は，輸入農作物が低価格であるために，輸入品に頼っていても生産額ベースの自給率は比較的高めになる。また，生産額ベースの自給率が100%近い国があったとして，その国の食料生産が安定的なものなのか，飢餓人口が多いにもかかわらず輸入ができないほど貧困状態なのかは自給率の高低だけでは読み

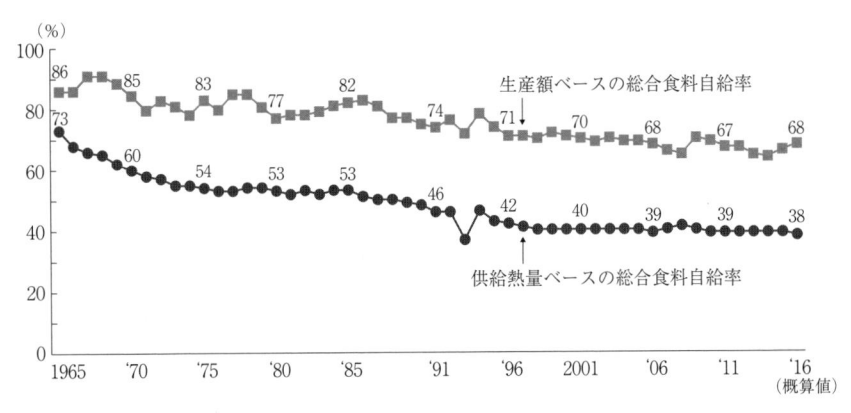

図2-2　日本の総合食料自給率
出所：農林水産省『平成29年度　食料・農業・農村白書』2018年

取れないのである。

　さて，このような自給率の指標としての特徴をふまえたとしても，日本の自給率が低水準であることは課題であり，政府は，2025年度までに熱供給量ベースで45％，生産額ベースで73％に引き上げる目標を立てている。しかし現状のままでは，その実現は厳しいといわざるをえない。仮に目標を達成できたとしても，世界の「飢餓」問題解決に貢献するには，別の問題がある。

　それは，海外に「高い農作物を売って，安い農作物をたくさん買う」という現在の食料戦略である。国内農業の付加価値を高めるという考え方を否定する人はいないだろうが，世界規模での食料需給という視点からみたときに，この食料戦略は世界の食料を日本が買い漁ることにつながりかねない。世界には穀物ベースで世界中の人々を十分に養える食料があるにもかかわらず，食料の半分を2割の先進国が消費し，さらにその半分を家畜の飼料としている現状がある。日本の現在の飼料自給率は27％であり，家畜のエサの4分の3を海外から輸入している。これに私たちが食べる食料の3分の2（供給熱量）を輸入していることを考え合わせると，高価格農作物を輸出するという戦略は国内の食料自給率（飼料自給率も含めて）を引き上げることにはつながらないのである。むしろ，高い農作物を海外の富裕層に販売して国内農業の振興を図るという戦略は，私たちの普段の食料を他国に依存するという点で食料安全保障上の問題を生じさせる。また，貧困層の主食としての農作物をつくるべき土地に，家畜のエサとしての資料を大量に作付し輸出させるという構造を維持しつづけることになるだろう。それは結果として，世界の格差と「貧困」を拡大し，「飢餓」を広げる役割を果たしてしまうことになりかねない。

(3) 食料安全保障と食料主権

　食料安全保障戦略は，国内で必要な食料を確保する枠組みであり，必ずしも国内での食料自給率を高めるものではない。それは，①他国との円滑な貿易関係を全体に多くの食料を輸入できる条件を確保するという考え方，②国内の食料自給率などを高めることで食料主権を確立するという2つの方向性を含むも

のである。

　国連第60回人権委員会に提出されたジグレール報告書では，食料主権とは，「人々やコミュニティー，国が，自分たちの農業・食糧・土地などの政策を，社会的にも経済的にも文化的にも，それぞれの独特の条件にふさわしいものとして規定する権利である」と定義されている。この概念は，主権国家として国民が必要とする食料を，他国に依存することの問題性を指摘するとともに，「輸出志向型の農業モデル」の見直しを求めており，「貿易の利害関係を超えた優越性をもっている」という主張をもっている。また，「多様性のある生態学的生産システムにもとづく，小農・家族経営に基礎をおいた国内・ローカル市場のための食糧生産に最優先順位をおく」という特徴もあり，世界農業の重要な担い手となっている小規模生産農家（家族経営）が国や地域の風土（生態系）に根ざした農業の発展を前提としている。

　伝統的な家族農家に担われた農業は，地域の風土や環境資源を生かし，自家採種を基本とする農業であった。しかしながら，食料の増産と効率的な栽培のために導入されてきた農法には，F1種のように作物から採種できない植物や人工的に開発されて特許が設定されて自由に使えないものが少なくない。こうして多様に存在した動植物の種が，農業を通じて単純化・画一化することによるリスクも指摘されている。さらに，医薬品などへの利用を含めると，熱帯雨林などで伝統に有用な動植物として利用されてきたものに知的所有権が設定されて，企業が莫大な利益を得ているものもある。こうした「遺伝資源及びこれに関連する伝統的な知識へのアクセス」する権利と「その利用から生じる利益」が，すべての人々に公平・衡平に配分される必要がある。

(4) 29年ぶりの高水準になったエンゲル係数

　食費と「貧困」の関係といえば，「エンゲル係数」を思い浮かべる人が多いだろう。エンゲル係数とは，一世帯ごとの家計の消費支出に占める飲食費の割合であり，一般的には「エンゲル係数が高いほど生活水準が低い」と考えられている。敗戦直後1947年の総世帯のエンゲル係数が63％と高く，1953年に

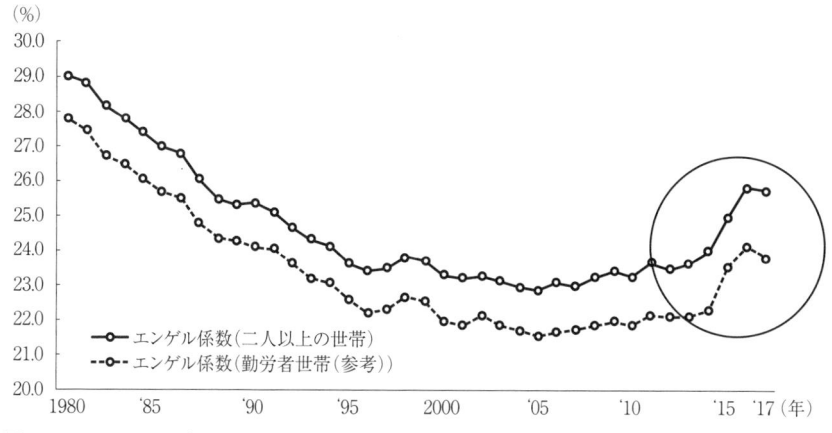

図 2-3　1980〜2017 年のエンゲル係数の推移
注：1999 年以前は農林漁業世帯を除く結果，2000 年以降は農林漁業世帯を含む結果
出所：阿向泰二郎「明治から続く統計指標：エンゲル係数」『統計 Today』No.129，総務省統計局，
　2018 年

48.3%，1962 年に 39%，1979 年に 29.2% と経済成長に伴って，エンゲル係数
は次第に減少して 2000 年代には 22〜23% 台で推移していた。しかし，2011 年
以降，エンゲル係数は再び上昇に転じ，2017 年には 25.5% となって 1987 年以
来 29 年ぶりの高水準に達した（図 2-3）。

　この原因について，総務省は円安などの影響を受けた「食品の物価上昇」に
よるものが大きいと分析しているが，勤労世帯における食品への支出が増えて
おり，とりわけ「調理時間の時間短縮」につながる弁当や惣菜セットなどの調
理食品の支出が 4.5% も増えていることが注目される（2016 年）。さらに，高齢
化がエンゲル係数を引き上げているとの指摘もある（熊野英生「エンゲル係数と
高齢化」第一生命経済研究所，2018 年）。たしかに，2017 年の家計調査では 2 人
以上世帯平均でのエンゲル係数が 23.8% であるのに対して，60 歳代が 25.2%，
70 歳以上が 27.3% となっている。市場のグローバル化によって食料品価格や
エネルギー価格が国際商品市況の影響を直接受けて決まる傾向があるのに対し
て，高齢世帯の主な収入源となる年金収入が物価上昇に対して 1 年遅れてしか
スライドしない仕組みや，公的年金の給付額を抑える「マクロ経済スライド」

（物価と賃金の伸びよりも年金給付額の伸びを抑える仕組み）の発動が検討される
など，政策的に抑制される傾向にあるからである。

(5) 食品ロスを例とした各ゴール・ターゲットの関係

　平成29年版の『環境白書　循環型社会白書／生物多様性白書』（環境省，
2017年）には，「食品ロスを例とした各ゴール・ターゲットの関係」が示され
ている（図2-4）。食品ロスとは，「まだ食べられるのに廃棄される食品」のこ
とである（消費者庁）。日本国内では，年間2842万トンの食品廃棄物などが出
され，そのうちの646万トンが「食品ロス」にあたると推定されている（環境
省「2015年度食品廃棄物等及び食品ロスの量の推計結果」）。

　食品ロスの削減は，ターゲット12.3「小売・消費レベルにおける世界全体の
一人当たりの食品の廃棄を半減させ，収穫後損失等の生産・サプライチェーン
における食品ロスを減少させる」として明示されている。食品ロスを減らすこ
とで，「12.2　天然資源の持続可能な管理及び効率的な利用」や「12.5　廃棄物
の発生の大幅削減に寄与する」だけでなく，「8.2　高いレベルの経済生産性」
や「8.4　資源効率の改善」などのターゲットの実現にも直接つながると考え
られている。

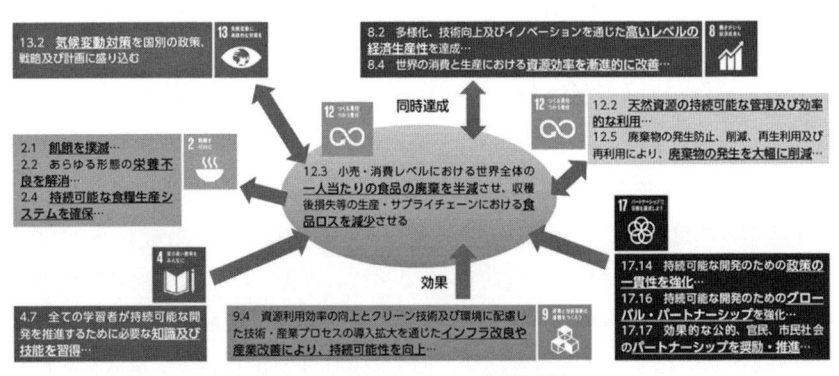

図2-4　ターゲット12.3と他ゴール・ターゲットとの相関関係
出所：蟹江憲史資料（2017年）より環境省が作成

食品の廃棄や食品ロスの削減は，気候変動対策とも深く関係します。食品廃棄物の約8割が水分と言われており，焼却炉への投入量が減れば，焼却時のエネルギーロスの削減につながります。また，遠方から航空や船舶により必要量以上の食料を輸送することは，地球温暖化の原因となる温室効果ガスの排出増加につながります。持続可能な農業が実践されておらず，農作物の生産のために必要な農耕地を得るため，温室効果ガスの一つであるCO2を吸収する森林を伐採して農地に転用したり，森林が回復するのを待たずに無計画な焼畑を実施したりすると，森林資源を大幅に劣化させることがあります。需要以上の食料の生産は，この問題に拍車を掛けます。

出所：環境省『環境白書　循環型社会白書／生物多様性白書　平成29年版』2017年

　このように食品の廃棄や食品ロスを削減することは，「13.2　気候変動対策を国別の政策，戦略及び計画に盛り込む」ことで，結果として目標2「飢餓」の克服にも貢献するとされている。その実現のためには，目標4「教育」（とくに「4.7　ESD」）や目標9「インフラ」（とくに「9.4　資源効率の向上とクリーン技術及び環境に配慮した技術・産業プロセスの導入拡大」），目標17「パートナーシップ」が重要とされる。

[2]　**持続可能な農業と教育**

(1) 農業・農村が育てる力と食が育てる「関係性」

　国立青少年教育振興機構の実態調査（2010年）で，「キャンプをしたこと」「大きな木に登ったこと」「川や海で貝を取ったり魚を釣ったりしたこと」「チョウやトンボ，バッタなどの昆虫をつかまえたこと」「海や川で泳いだこと」などの自然体験をほとんどしたことがない子どもが，以前と比べて増加していることが問題になった。こうした体験はかつての農山村で暮らす子どもたちには身近な生活環境のなかで行われるものであり，自然体験の不足はそのまま農業・農村と子どもたちとの接点が失われてきたことを意味する。学校でも農業体験学習が積極的に位置づけられ，文科省と農水省が連携して作成した『子どもたちの農業体験学習の現状と課題』（農水省女性・就農課，2004年）は，「農業を職業としている人たちの本物の農業に取り組む厳しさと楽しさの両方に触れるこ

と，彼らの人生観に耳を傾けること」が子どもたちの人格形成に役立つとした。

　こうした食育・食農教育がもつ意味について考えるには，まず「農業がどのような教育的価値をもっているのか」を明らかにする必要がある。『農村的自然のもつ教育力』（農村生活総合研究センター，1989 年）は，児童の体力・運動能力，生活感・自然観，遊びを中心とした自然とのかかわりなどの基礎的なデータの収集と分析をもとに，「農村の自然が人間殊に心身の成長期にある児童に及ぼす影響」について検討した。その結果をふまえて「農村的自然のもつ教育的側面」を考察し，それは「児童の心理的・知的・身体的な三側面の均衡のとれた発達，換言すれば『心・知・体の統一的発達』」を保障するものであるとした。七戸長生らの共著『農業の教育力』（農山漁村文化協会，1990 年）は，〈農業・農村の教育効果〉に関心が寄せられてくるようになった状況に，「一人ひとりの人間についていえば，農耕に関わることによって知らず知らずのうちに人間らしい感性やものの考え方を教え育て，調和のとれた行動パターンを身につけるように育て上げていく能力がある」と指摘した。

　ところで，家庭における食のあり方を考えたとき，ある年齢以上の日本人にとって「おふくろの味」と呼ばれるものが独特のニュアンスをもって語られる。「おふくろの味」は，現代の食と農業の関係や家庭における食の問題を考える1つのヒントを与えている。

　「おふくろの味」には，食と人との関係（距離感）を測る 3 つの座標軸を設定することができる。①「食」に媒介される人と人との〈関係性〉の軸，②「食」の素材や調理法，味覚などがもつ〈土着性〉の軸，③「食」が示す〈非市場性〉の軸である。

　〈関係性〉が低い状況とは，自分で食べているモノがどこから来たのかわからない，誰がどのようにつくっているのかわからない状況である。食における〈関係性〉とは，コミュニケーションといいかえることができる。「おふくろの味」には，母親（父親でも兄弟姉妹でも食堂のおじさん，おばさんでもよい）という明瞭な作り手が存在する。家庭やコミュニティにおける食は，具体的で身近な作り手との対話としての意味合いをもっており，そこに「安らぎ」や「安心

感」などの精神的な充足感を感じることも多い。「おふくろの味」とは，身近な人（もしくは身近に感じる人）とのコミュニケーションという性質をもつものであるといえる。

　〈土着性〉は，「おふくろの味」がしばしば「ふるさとの味」と重なり合うことに起因する。私たちの食は，つい最近まで特別なハレの食事を除いて，自分が暮らす日常生活圏の周辺で素材が調達され，家や地域に伝わる方法で調理されてきた。生まれ育った風土によって，それぞれ異なる味覚が生まれ，それが「ふるさとの味」と呼ばれるものになる。これだけ食材が世界から供給され，調理法が画一化しているようにみえても，味覚は概して保守的なものである。ファストフードやインスタント食品，スナック菓子ですら，国別の味覚だけでなく，地域ごとの味覚に配慮した製品がつくられるのである。

　〈非市場性〉とは，お金に換算することができないということである。家族の食事をつくることは，労働の対価を求めるものではない。外食産業や中食産業の発展によって，内食である家族の食事の一部が外部化（社会化）・市場化されてきた。ジェンダー・バイアスによって家庭内で食事を用意することが母親の役割のように思われてきたが，「おやじの味」であっても構わない。若い夫婦やパートナーが共同生活する場合にも，しばしば交代で食事を用意する傾向がある。こうした食事を用意することは無報酬でなされるのであり，市場的な関係がもち込まれないということである。

　いずれにせよ，農業・農村が育てる力や「おふくろの味」に代表される食と人との関係性について考えるうえで，現実の農業・農村のありようと切り離して議論することはできない。

(2) 地域の風土を生かした農業を支える教育

　高度経済成長期における「基本法農政」に象徴される効率性を求めて規格化・画一化された農業には，主体的で創造的な教育はあまり必要とされない。北海道の東部・根釧地方で粘り強く続けられている「マイペース酪農」と呼ばれる取り組みを支えているものが，政策的に誘導された大規模酪農の限界を乗

り越えようとする酪農民の豊かな学習運動である。稲作－畑作－畜産という営農形態のなかで，最も規模拡大による経営効率化を進めやすいのが牧草主体の酪農であろう。耕地面積の大きさもさることながら，一部のブランド化した飲用乳や乳製品を除くと，ほぼすべての農家の牛乳が一緒に混ぜられてしまうため，搾乳量とコストのみが経営の鍵を握るからである。その意味では，政府が進めてきた補助金を伴う規模拡大政策が最も成功しやすい分野であると思われていたが，じつはそうはならなかったのである。現実には，乳牛飼養頭数の増大に草地面積の拡大が追いつかず，輸入穀物に依存した配合飼料の多投によって1頭あたり搾乳量を増やしたため，大型機械や施設への投資に加えて飼料コストが大規模化する酪農家の経営を大きく圧迫していた。つまり，規模拡大すればするほど農家の負債が増大し，農家は離農に追い込まれるという傾向が現れたのである。

　行政の言いなりのままに規模拡大や経営の効率化を進めるのではなく，自分たちの家族経営にあった「マイペース」を志向する農民たちが始めた学習運動が，北海道根釧地方の別海町を中心に進められた「別海労農学習会」(1971〜74年)，「酪農・経営技術研究会」(1975年〜)，「別海酪農の未来を考える学習会」(1986年〜)，「マイペース酪農交流会」(1991年〜) であった。マイペース酪農の特徴は，次の5つにまとめられる。

> ①農政その他にあまり振り回されないで自分の考えで作る農業。
> ②家族の条件にあった，人の生き方にあった家族農業。
> ③余分なエネルギーを省き，生産構造を簡素化した農業。
> ④自然・風土に合った農業。
> ⑤農場の中で物質循環が行われ，外に流出しない農業。
>
> 　　　　　　　　　出所：朝岡幸彦・野村卓『食育の力』光生館，2010年

　酪農家が「マイペース酪農」を意識して経営することで，営農形態と農民の生活スタイルや地域活動へのかかわり方に劇的な変化がみられた。乳牛飼養頭数を可能なかぎり抑え（牧草のみで1ha当たり1頭を目途に），機械や設備投資を減らすことで，搾乳や餌やり・牛舎清掃などの乳牛の管理時間（農家の労働時間）

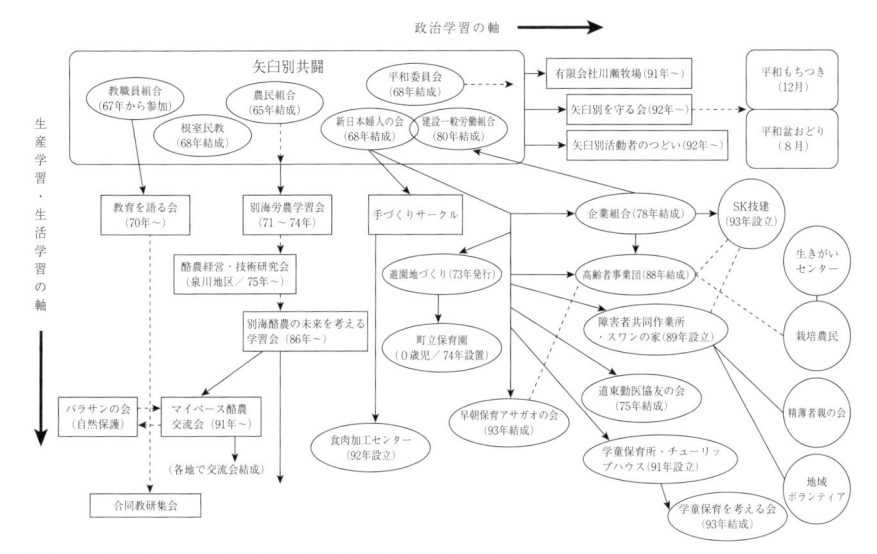

図 2-5　別海町における学習実践と地域づくり運動の流れ
出所：吉野宮子「協同の力で地域づくり・仕事おこし」をもとに作成

が大幅に減った。その空いた時間（とくに日中の放牧時間）を使って，楽しみながらチーズやバターなどの乳製品をつくり，福祉や教育などの地域活動に積極的にかかわれるようになったのである（図 2-5）。

　農地法の見直しや規模拡大による農業経営の効率化が進められる一方，特別栽培米「佐渡　朱鷺と暮らす郷（認証米）」（農薬および化学肥料の半減）のように生態系の再生と農業のあり方の見直しを両立しようとする動きがみられる。その典型の 1 つが，コウノトリの野生復帰を支える兵庫県豊岡市の「コウノトリ育む農法」であろう。2012 年にラムサール条約湿地に登録された豊岡の「円山川下流域・周辺水田」は，ラムサール条約締約国会議（COP10，2008 年）における「湿地システムとしての水田における生物多様性の向上」（水田決議）の採択を受けたものであった。その柱となるものが，「コウノトリ生息地保全水田ビオトープ維持管理業務委託事業（水田ビオトープ事業）」と「コウノトリ育むお米」の生産である。

　その目的は，コウノトリの生息を支える湿地を地域の生物多様性の向上・保

全の場として一定面積の農地を管理し，地域住民の自然体験の場として活用することである。それを具体化するために，市内のすべての小学校区（29）に環境体験学習の拠点地として一定規模の水田ビオトープの設置がめざされ，15 の小学校区に約 1288a の水田ビオトープが設置・管理されている（2015 年 9 月現在）（図 2-6）。耕作者には管理作業

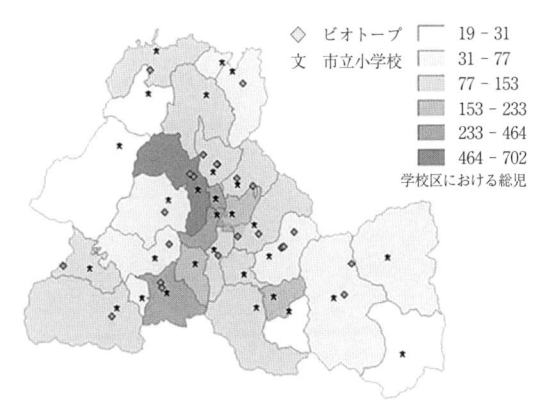

図2-6　水田ビオトープの設置場所と市立小学校（校区）の位置関係（2015 年 9 月現在）

出所：田開寛太郎「現代日本のコウノトリ野生復帰にかかる湿地教育に関する研究」平成 29 年度　博士学位論文，東京農工大学

を行うことで，2 万 4000 円／年・10a の委託費が豊岡市「コウノトリ基金」より支払われる。さらに，生きものを増やすために実施する作業（内畦の設置，夏の代掻き，畔草刈りなど）や，水田ビオトープを活用した生きもの調査会や市が指定するトラップによる調査を行うことで特別加算金も支払われる。こうした水田ビオトープを基礎に，冬期湛水，育苗段階からの有機質肥料の使用，無農薬または減農薬（魚毒性の低いものに限る）などの技術を柱とした「コウノトリ育む農法」が取り組まれ，そこで収穫されるコメを「コウノトリ育むお米」としてブランド化している。

　このように高度経済成長期における農業基本法政策のもとで進められた規模拡大と基盤整備・機械化，農薬・化学肥料の多投による水田生態系の破壊に対して，一度絶滅したコウノトリの野生復帰を目的とする生態系の回復に連なる有機農法の展開が，新たな農業のあり方を示唆している。こうした政府が進める農業近代化政策や補助事業がめざした大規模農業への道とは異なる，「もう一つの農業」のあり方を模索する動きが注目されている。

　目標2「飢餓をゼロに」を実現するためには，栄養不良の解消や小規模（家族）経営の農業者の保護，生態系を破壊しない持続可能な食料生産システムの構築，遺伝資源や伝統知の共同利用などが必要であるとされている。世界の約1割強の人々が飢餓に直面する一方で，人口の2割にすぎない先進国の人々が世界の穀物の半分を消費し，さらにその半分が家畜の飼料として使われているという事実に，私たちは大きな矛盾を感じざるをえない。世界の食料の約8割を生産する家族農家が，市場化を進める政府の政策による規模拡大や化学肥料・農薬の負担で窮地に追い込まれ，独自の生態系を支えてきた伝統的な農法とともに消滅させられようとしている。

　こうした食料・農業をめぐる持続不可能な動きを転換するために，私たちにはどのような教育が求められているのだろうか。

(1) 食育基本法と食育推進基本計画

　食育基本法という法律がある。2005年に成立したこの法律は，内閣府に食育推進会議をおき，内閣総理大臣を会長に食育担当大臣ほか12省庁の閣僚を委員として，国家レベルで国民の食の問題に取り組もうとする異例のものであった。その後，内閣の重要政策に関する統合調整等に関する機能の強化のための国家行政組織法等の一部を改正する法律（2015年）によって，会議を農水省に，会長を農水大臣に変更して進められている。

　この法律の目的は，「現在及び将来にわたる健康で文化的な国民生活と豊かで活力ある社会実現に寄与すること」（第1条）とされ，7つの基本理念（第2〜8条）を設定している。その後に，「関係者の責務」（第9〜13条），「法制上の措置及び年次報告書」（第14・15条），「食育推進基本計画等」（第16〜18条），「基本的施策」（第19〜25条），「食育推進会議等」（第26〜33条）と続く。このうち年次報告書に当たるものが『食育白書』と呼ばれるものであり，閣議を経て国会に報告されている。また，食育推進基本計画が2006年度から5年ごとに作成され，現在は第3次食育推進計画（2016〜2020年）である。この計画は国の

ほかに，都道府県食育推進計画（第17条），市町村食育推進計画（第18条）の策定が求められている。

7つの基本的施策のなかに「学校，保育所等における食育の推進」という項目が設定されており，学校給食における取り組みも主にここに位置づく。学校給食に関連する制度の見直しが行われるなかで，栄養教諭制度の導入（2005年）とともに，学校給食法の改正（2008年）によって給食の目的に「学校における食育の推進」が付け加えられた。2016年5月1日現在で，全国に5765人の栄養教諭が配置されており，「栄養教諭を中核としたこれからの学校の食育」がまさに食育推進の鍵であると認識されている。

また，学校給食は増加しつつあり，2015年5月現在，小学校で2万146校（99.1％），中学校で9184校（88.1％），特別支援学校なども含む全体で3万796校が学校給食を行い，約950万人の子ども（完全給食を受けている児童・生徒の割合は90.5％）が給食を食べている。こうした流れのなかで学校給食への「地場産物食材」の使用が模索されており，2015年度に26.9％（2005年から5％増加）となっている。ちなみに，国産食材の使用割合は77.7％である。

『2016年度　食育白書』（農林水産省）は，学校給食と地産地消について次のように述べている。

> 地場産物を学校給食に活用し，食に関する指導の教材として用いることにより，子供が，より身近に，実感を持って地域の自然，食文化，産業等について理解を深め，食料の生産，流通に当たる人々に対する感謝の気持ちを抱くことができます。また，流通に要するエネルギーや経費の節減，包装の簡素化等により，環境保護に貢献することもできます。さらに，地域の生産者等の学校給食をはじめとする学校教育に対する理解が深まることにより，学校と地域との連携・協力関係の構築にも寄与しています。このような効果を期待して，各地の学校給食で地場産物の活用が推進されています。

(2) 地域の食文化を子どもたちに伝える試み

基本的施策のうち「地域における食生活の改善のための取組の推進」（第21条）

と「食文化の継承のための活動への支援等」(第24条)に当たる事例が，新潟県聖籠町の食生活改善推進協議会の実践である。協議会のメンバーは，『聖籠の食文化をたずねて』(1998年)をもとに聖籠中学校で授業を行った。新潟市の郊外にあって地域の構造が急速に変化し，長く受け継がれてきた地縁や血縁のつながりが崩れつつあるなかで，保健師による「町のこどもたちの体の実態調査」の結果から住民の「食」に対する考え方の変化が明らかになる。5年間にわたる保護者との勉強会や懇談会，講習会を通じて，それが「子どもの食に無関心な母親」の問題ではなく，「食生活に関する世代間の伝承の不足」による問題であることに気づく。

　そこで，町に伝わる食を探るために，町の古老への聞き取り調査を行い，その成果として刊行されたのが『聖籠の食文化をたずねて』である。この本は単なる伝統食のレシピ集ではなく，地域の自然条件や農業・漁業，伝統行事，住居などのすべてが「食」と密接にかかわっていることが浮き彫りにされている。この本をテキストに，中学生たちは地域の食文化の歴史を「町のおばさん」という生きた教材から学んでいった。

　『新潟県公民館月報』2014年12月号で，手嶋勇平さん(元聖籠町教育長)も聖籠町食生活改善推進協議会の実践を伝えている。

　聖籠町食生活改善推進協議会のオバさんたちも思い込みを。今の若い母親が子どもに与える食内容への危機感から，食の実態調査を実施し，その結果からの問題点を母親に指摘しても入らなかった。その背景を話し合い，地域の食文化をオバさんたち自身がつかんでいなかったことに気づく。そして，それをまとめるプロジェクトが立ち上がり，公民館主事として私も参加した。研究者の指導で，昭和10年代の地域性ある生活を語れる高齢者からの聞き取りが始まった。オバさんたちにとって文章化は容易でなかったが，高齢者の生き生き語る姿に励まされ，3年越しで『聖籠の食文化をたずねて』が刊行された。その発刊祝賀会で喜びのオバさんたちへ会場から提案が上がった。「刊行の動機を聞けば，子どもの食への心配からとか。であれば，刊行は子どもにその内容を返す出発点ではないか」と。オバさんたちは喜びから緊張へシフトを。その後，その本をテキストに中学校に入り，生徒と交流学習を続けている。学校に総合的学習が導入される前のこと。批判からは一歩が始まらないことを実感したオバさんたちだった。

(3) 新たな食育・地産地消のあり方を模索する学校給食センター

　鹿児島県奄美市では旧名瀬市と旧住用村にある小学校・中学校18校の給食施設を廃止して2019年度から学校給食センター方式に改め，そこで食育・地産地消の取り組みを進めようとしている。奄美市内の両地区にある小学校・中学校はそれぞれ自校方式の給食施設をもっているものの，築24〜40年（築30年以上が59％）と改修時期を迎えつつあり，約50食以下（53〜17食）の提供が9校を占めている。他方で，児童・生徒数の減少や学校給食法の改正による衛生管理基準の強化などへの対応を求められているため，センター方式への転換を決めた。1日4000食（1回2000食）をまかなう食材を地産地消で確保し，すべての学校で食育を進めるのが容易でないことは明らかである。市内の農家数は高齢化・減少傾向にあり，さとうきびやトロピカル・フルーツへの生産に大きく偏っている。

　1つの可能性を示しているのが，飛び地合併となっている旧笠利町の笠利学校給食センターの取り組みである。毎日600食を提供しているセンターは，地元の農家から食材の供給を受けながら地元食材の比率を高めて子どもたちに工夫した給食メニューを提供している。こうした取り組みを支えているのが，地元の生活研究グループの女性たちが設立した合同会社・味の里かさりの仲介であり，市内でも農地と農家が多くあるという条件などである。笠利給食センターをモデルとして，新給食センターも市内−大島内−奄美群島内−県内と同心円的に地元食材の割合を設定して少しずつ地元比率を高めるために地域農業の育成を図るとともに，高齢者への給食の提供も検討する必要がある。また，食材を調達する地元組織を育成することで，農家と栄養教諭や栄養士・調理員とが協力して食育を進めることも期待される。

　さらに，奄美市にも地元の食材を使い，障害をもつ人たちを雇用してレストランなどを経営する社会福祉法人・三環舎のような団体がある。学校給食の調理や加工に，こうした団体の参加を求めることも地域の持続可能性を考えるうえで重要な要素となっている。

(4) グローバル化する世界のなかで足元を見つめる意味

2018年12月30日にメキシコ，日本，シンガポール，ニュージーランド，カナダ，オーストラリアの6カ国で環太平洋経済連携協定 (TPP11) が発効した。アメリカを除く11カ国 (ベトナム，ブルネイ，チリ，マレーシア，ペルーが加わる) が揃えば，域内人口約5億人，国内総生産 (GDP) 約10億ドルの巨大経済圏が誕生する。キウィ，ブドウ，メロンなどの果実，アスパラガスなどの野菜の関税が即時撤廃されたほか，コメや小麦には無関税枠が設けられ，輸入牛肉や豚肉の関税も段階的に引き下げられるか撤廃される。さらに，日本と欧州連合 (EU) の経済協定 (EPA) が2019年2月に発効したことで，日本−EUで世界のGDPの約3割，貿易額の約4割を占める巨大な自由貿易圏 (農産品や工業品にかかる関税の94〜99％を撤廃) が誕生した。好むと好まざるとにかかわらず，私たちは巨大な市場・経済圏のなかで暮らしはじめているのである。「食」は直接，人の生存にかかわる問題である。グローバリゼーションのもとで広がる格差のなかで「飢餓をゼロに」することは容易ではなく，しかも遠い国の見知らぬ人々の問題として座視することもできなくなりつつある。足元の絆が失われ，私たちの「食」の多くが環境問題を引き起こしながら遠い海の果てからやってくる事実を考えれば，明日はわが身なのである。

「飢餓をゼロに」を実現するということが，世界全体で実現可能な目標として合意されているという事実そのものに注目する必要がある。「戦争」や「貧困」と並んで，「飢餓」は人類とその文明がかかえる1つの病理として減らすことはできても，なくすことのできない現象だと考えられてきた。しかし，21世紀の前半に生きる私たちが，これらの社会病理を具体的に克服しつつあることに確信をもちたい。スティーブン・ピンカーは『暴力の人類史』(2015年，青土社) のなかで，人類が次第に脱暴力化しつつあること，その背景に人道主義の定着とそれを支える教育の普及があることを示唆している。SDGsの宣言文 (国連総会「持続可能な開発のための2030アジェンダ」2015年) の前文で「誰一人取り残さない」ことを誓った私たちは，まず，「誰一人飢えることのない」世界を実現したい。

持続可能な生き方のための菜園教育
―いのちを学ぶ―

　ここで紹介するエディブル・スクールヤード（以下，ESY）は，世界中に広がっている菜園教育「エディブル・エデュケーション」である。学校教育の中心に「食」を据え，世界で起きている問題に気づき，いのちの循環と心と体の健康を満たし，生きる基本を学ぶための体系化された教育手法である。以下，その具体的な展開とその可能性をみていこう。

1 日本の公立学校のなかに菜園をつくる

　休み時間のベルが鳴ると，子どもたちが走って向かう先は，学校内にある菜園である。菜園には，多種類の野菜，ハーブ，花などが植えられている。その先には，鶏小屋が見える。1人の子どもが，生まれた卵を確認したあと，ニワトリに話しかけている。別の子どもは，用水路でザリガニ釣りを始めた。その横で，野菜の葉の裏をのぞき込んだりしながら，草花に潜む虫を探している子どもたちもいる。菜園には子どもたちがつくったコンポスト（堆肥場）がある。その中には多くの分解者がいることを，子どもたちはみな授業を通して知っている。子どもたちは，思い思いに自分の関心のある場所へ向かい，それぞれの楽しみ方で過ごしている。

　この菜園は，東京都多摩市立愛和小学校での風景だ。学校の一部しか使われていなかった校舎横庭に，直接体験を通じて「いのちの循環」を学ぶことができる菜園をつくり，国語や生活科・理科など個別の科目に加えて，教科横断型の授業を行っている。教科の学習と体験，発見と探究が可能となる学びの菜園である。学校菜園での学習は，かつてより日本の各地で行われているが，この学校ではアメリカで体系化されたESY（食べられる校庭／学校食育菜園）の考え方と手法を取り入れながら，日本のカリキュラムにあった授業を展開している。愛和小学校では学校菜園全体が「学習のため

愛和小学校の学校菜園

ガーデンティーチャーが子どもたちの関心を引き出す

の菜園」として設計されたアウトドア・クラスルーム（野外教室）として機能している。コンセプトメイクとデザイン，そしてここでの教育実践には，一般社団法人エディブル・スクールヤード・ジャパンが協力し，教員，保護者とともに日本のモデルになる菜園をつくってきた。

2 エディブル・スクールヤードの発展の経緯

　ESY は，1995 年にアメリカ・カリフォルニア州のバークレー市内にあるマーティン・ルーサーキング Jr. 中学校（以下，キング中学校）を舞台に，近隣でオーガニックレストランを経営するアリス・ウォータース氏により始められた。彼女は当時，この学校の荒廃した様子に心を痛めており，このことはファストフードやジャンクフードに侵されている子どもたちの食習慣の乱れと関連していると考えていた。そこで学校内に菜園をつくり，生徒たちが食べものをつくり，一緒に食べる活動を学校側に提案し，スタートさせたのである。さらに外部から教育関係者，農家，料理人，そしてアーティストなど多彩な専門家たちが協力し，持続可能な菜園教育の理念と体系をつくり上げてきた。

　現在，この活動は「エディブル・スクールヤード・プロジェクト」（以下，ESY プロジェクト）という非営利組織により推進されている。ESY プロジェクトは，キング中学校のなかにも活動拠点を構えており，1 エーカー（4046㎡）のガーデン（菜園），専用のキッチン（調理室）で授業が行われている。ガーデンティーチャーやシェフティーチャーを授業に配置し，ガーデンの管理を地域のボランティアとともに行っている。

　また ESY プロジェクトは，国内外にネットワークを築いてきた。2019 年 4 月現在，アメリカでは 50 州すべてと 3 つの地域，そして世界では 75 カ国，全体では 5513 のプログラムが登録されている。日本では前述した愛和小学校が公立小学校として初めてエディブル・スクールヤード・ネットワークに加わり，実施校として認知されている。日本ではそのほかに 7 拠点が登録されている。

　また，ESY の理念や手法を学び合う場として，2009 年からアカデミーを開催し，指導者の育成を行うとともにカリキュラムを共有している。さらに政府にも働きかけ全米の学校給食改革を先導するなど精力的な活動を行っている。

3 バークレー市での取り組み

　キング中学校から始まった取り組みのバークレー市全体への広がりをみてみよう。現在バークレー市では，すべての公立小学校・中学校に ESY があり，教員とは別のガーデンティーチャーやシェフティーチャーが公費で配属されている。またバークレー市すべての公立学校の児童・生徒に，オーガニック（有機）で栽培された新鮮な地元の季節の野菜を使用したおいしい学校給食が提供され，給食を通しても学び，理解を深めることができる挑戦が始まっている。また低所得世帯への対応として給食費を補助し，すべての子どもが健康的な食べ物にアクセスできることを可能にしている。給食は，学校と地域の農家，牧場をつなぎ，支え合う関係をつくる。持続可能な農場

から食材を購入するということは，オーガニックを支持し，地域経済への投資を意味している。学校が農家を支えることは，気候変動の脅威に対して，サスティナブルな食料生産をサポートし，次世代にコミュニティの価値を教えることにつながる。

アリス・ウォータース氏は，「おいしい食べ物は特権ではなく権利である」という。公立学校がすべての生徒に無料でおいしくオーガニックな学校給食を実現するとき，私たちは飢餓と肥満という重大な社会的不平等に取り組むだけでなく，本当の意味での栄養を与えていくことになる。

4 エディブル・スクールヤードの理念

ESY は，ガーデンやキッチンでの学びを正規の授業とつなげていることに特徴をもっている。その授業を教える専門家として，ガーデンティーチャー，シェフティーチャーが配属されていることも重要な要素となる。クラスの担当教員とともに，授業運営を行う。授業は，教室における座学と連動した内容になっており，常に，子どもたちの自発性を大切にし，学ぶ意欲をもり立てるよう，①発見を共有する，②選択の尊重，③大人のあり方の 3 つが尊重されている。大人がどのような場面においても，子どもたちに「教える」のではない姿勢を貫く。机に座って教授されるスタイルではなく，ともに驚き，ともに楽しみ，ともに学ぶことを通して，子どもたちの力を引き出していく手法となっている。まさに，能動的に学ぶ授業が確立されている。

実際に学校で共有し意識しておく内容は，次のエディブル・エデュケーションの原則（～ Principle of Edible Education）にまとめられている。

> ・食べ物はひとつの教科科目です（Food is an Academic Subject）
> ・学校はすべての子どもに昼食を提供します（Schools Provide Lunch for Every Child）
> ・学校は農家を支えます（Schools Support Farms）
> ・子どもは実践を通して学びます（Children Learn by Doing）
> ・美しさはひとつの言葉です（Beauty is a Language）

さらに，カリキュラムは，深い興味をもち自立した学習者の育成を目的とし，次のことを実証するとしている。

> ・好奇心と尊厳感の獲得
> ・課題を達成させるためにチームとして働く能力
> ・自分と他人を尊重する
> ・多様性への感謝と違いから学ぶ能力
> ・私たちが食べる食物とどのように関わり合うかを理解する
> ・人と何かの間のつながりを結晶化し，私たちの家族とコミュニティを回復力のあるものにする関係を築く

ここで改めて，日本とアメリカで具体的に行われている ESY の授業を紹介する。【事例 1】は，東京都多摩市立愛和小学校，【事例 2】【事例 3】は，カリフォルニア州バークレー市立キング中学校，【事例 4】は，オレゴン州ポートランド市にある私立キャトリン・ゲイブル中学校の教員が執筆した論文から，概要を取り上げた。

【事例 1】愛和小学校（ガーデンクラス・キッチンクラス）：すがたを変える大豆

3 年生国語の単元を菜園で 3 回，家庭科室 1 回で行う。教室では，身近な食べものである大豆がどのように加工されているのかを読み，調べ，書くことを中心に行い，菜園では，実際に植える，世話をして育てる，枝豆で試食する，大豆まで育て収穫する，加工して食べるまでを体験する。一粒の大豆が何粒に増えているのかを実際に数え，根っこについている根粒菌の観察を行う。土や菌の働きと，自分たちの食べものがどのようにかかわっているのかを実際にみて，触って感じ，記録する。収穫した大豆を何にして食べるかは，子どもたちが決める。大豆は，子どもたちの手で豆腐や味噌にすがたを変えていく。大豆の茹で上がったにおい，つぶす感触など五感を使った授業は，子どもたちの記憶に残り，食べることで日常の食事への関心にもつなげていく。この授業の成果は，後日学校全体で発表され，他学年の子ども，保護者，地域の方々にも共有されている。

【事例 2】キング中学校（ガーデンクラス）：ミツバチとその役割を知る

6 年生の理科の授業と連動した内容で準備された「ステーション」と呼ばれる異なったエリアが 3 カ所あり，それぞれで，①ミツバチの巣箱の観察，②ミツバチを捕まえて観察（観察後はリリースする），③ハニーテイスティング（試食）を行う。3 カ所のステーションを巡回しながら，庭でミツバチと花粉媒介者としての重要な役割を学ぶ。そして菜園のなかでは，ミツバチが周りに居ることを快適に感じるようになる。

子どもたちがその場に安心して存在でき，公平で，主体的に動くために考えぬかれ

自分たちで育て収穫した大豆を豆腐にして食べるキッチンクラス（愛和小学校）

授業で活動中の生徒たち（マーティン・ルーサー・キング Jr. 中学校菜園）

た授業進行は以下のとおりである。

①はじまりの輪（opening circle）：菜園内にあるラマダ（Ramada）に集合し授業が始まる。ラマダとは「人が集まる場所」というスペイン語で，菜園内のアウトドアクラスルームとして菜園教育には欠かせない。まず，みんなの顔が見えるように座り，その日の授業内容が共有される。全体像を理解することは，自分がどのように動くべきかを安心して判断するために必要で，同時にかかわるスタッフたちが紹介される。子どもたちと菜園，すべてのものに敬意を表すポスター，授業内容に添ったグループ分けのポスターなどが掲示され，言わなくてもわかる工夫が各所にある。その日に用意される仕事は数種類あり，動き回りたい子ども，静かに座って取り組みたい子どもなど，各自の気持ちに寄り添う。グループ分けは，子どもたちの意志で自らが選択する。ラマダを離れるときには，各自何をすべきかがわかっている。

②実習・実践：選んだ役割とその内容を理解して，主体的に動く。子どもたちは，自分に必要な道具を選ぶところから，任されている。仕事を巡回する場合は，合図があれば次の場所に移動する。菜園で求められている態度は，校舎のなかの教室とは違い，立ち上がり，動き回り，友だちと協力してもよく，会話も楽しみながら進めていく。仕事が始まると，ガーデンティーチャーも役割を切り替え，協力者や仲間となり，共に驚きを共有し，やりとりを楽しむ。合図があれば，道具をきれいに元通りに片付け，ラマダに向かう。

③おわりの輪（Closing Circle）：再びラマダで輪になって座り，"ふりかえり"の時間を過ごす。ガーデンティーチャーの進行により，各自が当日の活動内容を整理する。そのうえで他者からのフィードバックも受け，自らの学びの成果に注目していく。最後に次回授業への導入も行われる。

【事例3】キング中学校（キッチンクラス）：シルクロードについて知る

6年生の地理・歴史の授業のなかで，シルクロードにまつわる90分の内容（4回分）。

①蒸し餃子をつくることを通じて，漢王朝時代に中国とほかの地域との間で，アイデアや商品，食べものを交換してきた歴史について研究し，地理的な特徴や，特定の品目が貿易に有益だったことを学ぶ。

②カレーをつくることを通じて，インドにおける宗教，とくに仏教について学ぶ。

③パスタをつくることを通じて，古代ローマの食と現代の食のつながりについて学ぶ。また，調理プロセスが食品に与えた影響，変化などを理解する。

④上記①～③を経験したあと，食材を集めるための貿易を疑似体験する。これまで学んだ3つの国のグループに分かれ，それぞれがライスプディングをつくることを課題に，各国がもっている食材を交換しあい，調理し，試食する。

【事例4】キャトリン・ゲイブル校（ガーデンクラス）：古代メソポタミア文明の崩壊について学ぶ

　6年生の文学，歴史の横断型授業を，地球環境問題に焦点を当てて菜園にて行う。とくに飢餓，水不足，表土の流出，地球温暖化などの問題と土地との関係を探る。水や土地の過剰な利用が表土の流出や砂漠化を招き，古代メソポタミア文明の崩壊につながったことを，菜園での活動を通じて体験し，管理をしながら再現し，実感する。リンゴの収穫，小麦の挽き，ミツバチの飼育について学び，越冬のレタスを植え，ピタパンを菜園のオーブンで焼き食べる。また教室に戻ると，古代史，小説，経済学，政治学，人類学，宗教，神話，土壌，水，食物，気候，環境正義などを題材に取り上げる。生徒たちは，責任ある水や土地の利用，そして地域社会とのかかわりについて考え，地球環境問題の解決力を獲得することができる。

　ESYでは，水，汚染，ミツバチ，人口，気候変動，栄養，食のグローバリゼーション，石油，飢餓など多様なことがらを学ぶことが可能である。

　すでに，多くの発展途上国でも，子どもたちの教育や健康を保障するために菜園教育が取り入れられている。菜園の収穫物を学校給食に用い，食の自給をめざして作物を自ら育てるスキルを学ぶなど，今後も学校菜園への期待は高まると考えられる。

⑥　すべての子どもたちに学校菜園を

　食べることは，生きるうえでの基本的な営みであるのだから，学校のなかに，また地域のなかに，菜園という場があることで自然の力や生態系を理解すると，地球に暮らす一員として無関心ではいられなくなる。エディブル・エデュケーションは，「食で学ぶ教育」だ。食を通してさまざまな問題に気づき，行動へと踏み出していくことができる。前述のキャトリン・ゲイブル校の教員カーター・ラテンデレス氏は「生徒は，食料と水を中心にした日々の選択から，自分自身の体からも地域社会からも，世界を変えていけることを実感しています」と述べている。

　もとより，さまざまな家庭環境にある子どもたちが通う公立学校にこそ，菜園をつくり，「食」を中心に据える教育を等しく受けられるように保障していきたい。

　これらの学びを展開するなかに，ESDやSDGsの学びを入れ込むことを期待するところである。そうすることによって環境の持続可能性，社会的公正，存在の豊かさやいのちの学びを実現していくことが可能だろう。

参考文献・ウェブサイト

センターフォーエコリテラシー／ペブルスタジオ編訳（2006）『食育菜園　エディブル・スクールヤード—マーティン・ルーサー・キングJr.中学校の挑戦』家の光協会

The Edible Schoolyard Project, https://edibleschoolyard.org

一般社団法人エディブル・スクールヤード・ジャパン, http://www.edibleschoolyard-ja-pan.org

CLEARING, http://clearingmagazine.org/archives/11417

第3章
すべての人に健康と福祉を
あらゆる年齢のすべての人々の健康的な生活を確保し，福祉を促進する

　かつては日本でも，健康で長生きをすることは，特別な人にしか許されないことであった。多くの子どもが5歳の誕生日を迎えるまでに死亡し，結核をはじめとする感染症の蔓延や妊娠・出産時に若くして命を落とす人は少なくなかった。しかし戦後の日本では，乳幼児や若くして亡くなる人が激減し，平均寿命が大きく伸びた。その背景には，国民皆保険の実現と保険医療行政網の整備などによって，誰もが基礎的な医療にアクセスできるようになったことに加え，行政や草の根で働く専門家，さらには住民組織などによる，課題へのきめ細かい対策と衛生や保健についての普及啓発が大きな役割を担った。

　世界に目を向ければ乳幼児死亡率は減少しているが，それでもなお妊娠または出産時の合併症や予防可能な病気で死亡する子どもは多い。同時に経済開発の副作用として公害や生活習慣病の増大など新たな問題への対応も喫緊の課題だ。目標3のターゲットをみれば，生命と健康を脅かすさまざまな課題があり，世界の国々が地球全体で手を組み課題に取り組むことが求められていることがわかる。

　質が高い保健・医療サービスの実現には，医師や看護師，保健師など専門家の育成が欠かせない。加えて健康の実現には，個人や家庭での健康管理も重要である。栄養や衛生についての正しい知識の普及は，感染症はもちろん「生活習慣病」のような非感染症対策においても重要である。とくに，女性の地位向上や母親が保健教育を受けることは，家族の健康に大きく寄与することが知られている。本章でも紹介する日本式の母子健康手帳は，さまざまな情報やデータを一元化で自己管理ができるうえ，妊娠出産にかかわる基礎的な情報を得られ，健康管理を助ける教育ツールとしても世界に普及している。1970年代には途上国の人口増加が大きな課題であったが，現在，世界人口の増加率は緩や

かになってきている。保健分野の国政的な取り組みは，人口問題の解消にも大きく貢献してきた。

　すべての人に健康と福祉を実現するために，専門家の育成から一般向けの保健教育まで教育にできることは多い。同時に，喫煙やアルコール依存，肥満の背景には，貧困や家庭・地域環境など個人の責任を超えた複合的で構造的な要因があり，目標3を達成するには複合的なアプローチをとる必要がある。本章で紹介するブラジル・マニコレ市の事例では，コミュニティ・ヘルス・ワーカーの育成から住民の持続的な所得向上と栄養状態の改善に地域社会が取り組んでおり，息の長い取り組みのなかで地域住民の意識変容と生活改善が実現しつつある。大阪・西淀川の事例では，公害を克服し，多様な視点を学ぶ教育実践が紹介されている。いずれも，健康という個人的に見える問題と持続可能な社会の実現と教育が結びついていることが示されている。(編者)

目標3. あらゆる年齢のすべての人々の健康的な生活を確保し，福祉を推進する

3.1　2030年までに，世界の妊産婦の死亡率を出生10万人当たり70人未満に削減する。

3.2　すべての国が新生児死亡率を少なくとも出生1,000件中12件以下まで減らし，5歳以下死亡率を少なくとも出生1,000件中25件以下まで減らすことを目指し，2030年までに，新生児及び5歳未満児の予防可能な死亡を根絶する。

3.3　2030年までに，エイズ，結核，マラリア及び顧みられない熱帯病といった伝染病を根絶するとともに肝炎，水系感染症及びその他の感染症に対処する。

3.4　2030年までに，非感染性疾患による若年死亡率を，予防や治療を通じて3分の1減少させ，精神保健及び福祉を促進する。

3.5　薬物乱用やアルコールの有害な摂取を含む，物質乱用の防止・治療を強化する。

3.6　2020年までに，世界の道路交通事故による死傷者を半減させる。

3.7　2030年までに，家族計画，情報・教育及び性と生殖に関する健康の国家戦略・計画への組み入れを含む，性と生殖に関する保健サービスをすべての人々が利用できるようにする。

3.8　すべての人々に対する財政リスクからの保護，質の高い基礎的な保健サービスへのアクセス及び安全で効果的かつ質が高く安価な必須医薬品とワクチンへのアクセスを含む，ユニバーサル・ヘルス・カバレッジ（UHC）を達成する。

3.9　2030年までに，有害化学物質，並びに大気，水質及び土壌の汚染による死亡及び疾病の件数を大幅に減少させる。

「健康とは，病気でないとか，弱っていないということではなく，肉体的にも，精神的にも，そして社会的にも，すべてが満たされた状態にあることを言います（Health is a state of complete physical, mental and social well-being and not merely the absence of disease or infirmity.)」。

WHO（世界保健機関）憲章の前文において，健康はこのように定義されている。単に，病気ではないということではなく，この「社会的にも満たされた状態（social well-being)」とされていることに注目したい。たとえ病気でないとしても，ある個人が社会に適切な形で参加できていなければ，それは健康な状態とはいえない。また社会そのものも健康なものである必要がある。この「肉体的にも，精神的にも，そして社会的にも，すべてが満たされた状態である健康」を獲得するために，これまで国際的にさまざまな取り組みがなされてきた。2015 年に国連総会で採択された「持続可能な開発目標（SDGs)」は，2030 年までの国際的な目標として開発途上国のみならず先進国も含めた人類全体で取り組むべきものであり，17 のゴール全体が真の「健康」につながるものとして，現在積極的に取り組まれている。ここではその歴史的な流れを追ってみたい。

なお，この目標 3 の日本語訳は「健康と福祉」となっている。日本では福祉＝支援が必要な人に向けて政府などから実施される援助というイメージが強い言葉となっているが，ここでの福祉は well-being の訳であり，要支援者援助を示すものではなく，身体的，精神的，社会的に満たされた状態，いわば「良好」「幸福」な状態という意味である。

国際的にみたときに，人々の保健への関心と保健に係る施策の推進について，以下が大きな基盤となっている。

1. 第二次世界大戦前にワイマール憲法等の萌芽がみられ，戦後に世界的に制度化されていった日本国憲法や世界人権宣言，国際人権規約に見られる健康を含めた人権思想

2. 1970 年代の健康の人権宣言とも言えるアルマ・アタ宣言およびプライマリ・ヘルス・ケア（PHC, Primary Health Care）
3. 1994 年カイロ国際人口・開発会議とリプロダクティブ・ヘルス／ライツ
4. 2000 年ミレニアム開発目標（MDGs, Millennium Development Goals）
5. 持続可能な開発目標（SDGs, Sustainable Development Goals）と UHC（Universal Health Coverage）

これらの流れは，ごく一部の人しか得られていなかった「健康」（Good health and well-being）がより多くの人々に広がっていった過程といえる。

(1) 人権思想と生存権

まずは，戦後日本の例をみていきたい。戦後に制定された日本国憲法の 25 条は生存権と呼ばれ，「すべて国民は，健康で文化的な最低限度の生活を営む権利を有する。国は，すべての生活部面について，社会福祉，社会保障及び公衆衛生の向上及び増進に努めなければならない」とある。

日本も第二次世界大戦前－戦中－戦後は貧しく妊産婦死亡率や乳幼児死亡率が高かったが，そういったなかで多くのすばらしい活動が生まれていった。その一例としてしばしばあげられるのが戦後の長野県佐久市，若月俊一医師の活動である。若月医師は住民ボランティアを育成し，保健教育劇をはじめとするさまざまな活動で地域の保健意識向上に取り組み，その成果が長野県全体を今日の長寿県日本一へと押し上げた。

また日本ではこの時期，ほかにも母子手帳，寄生虫対策，家族計画，住民参加の生活環境対策（蚊とハエのいない生活運動）／愛育班運動／結核予防婦人会，保健所網の整備，結核予防法，母子保健法などの活動や制度化がなされた。さらに 1961 年には国民皆保険制度が実現した。なお戦前が暗黒時代だったわけではなく，保健婦・開業助産婦の存在や妊産婦手帳制度が 1942 年には始まっていたことなどプライマリ・ヘルスケアに通ずる先進的なものが存在した。今日，日本の国民皆保険制度は比較的低いコストで世界でも最高レベルの長寿と最も低いレベルの妊産婦・乳幼児死亡率を実現したと評価を受けている。その

根本には憲法 25 条と，それを現実のものにしようと努力した多くの人々が存在している。

　世界に目を向けると，戦後アジア・アフリカ地域で多くの国が独立を果たしていったが，独立後の混乱はむしろ国民の健康状態を悪化させることも少なくなかった。多くの新生国家政府は，大都市だけに治療中心の高額な医療施設依存型医療を導入しようとするなど，面的な効果に乏しい限局された対策が行われていた。そういった状況のなか，ごく簡単な医療研修を受けた地域住民が農村部での医療活動・保健啓発活動にあたった，中国（1960～70 年代）での「はだしの医者」による活動や，農村部までをカバーし健康状況を劇的に改善したキューバの地域保健システムなどは，その政治体制に問題をかかえながらも大きな示唆を世界に与えた。こういった世界各地での努力が，次に述べるプライマリ・ヘルスケア（PHC）の概念の構築につながったのである。

(2) アルマ・アタ宣言とプライマリ・ヘルスケア

　アルマ・アタ宣言（Declaration of Alma Ata）は 1978 年に旧ソ連カザフ共和国のアルマ・アタにおいて WHO/UNICEF 主催のもと開催された国際会議で出された宣言であり，保健分野のみならず世界全体の開発全般について非常に大きな影響を現在でも与えつづけている。ここで出された非常に重要な概念がプライマリ・ヘルスケアであり，アルマ・アタ宣言のなかで以下のように定義づけられた。

　プライマリ・ヘルスケアは，科学的に有効でかつ社会的に受容できるやり方や技術に基づく必要不可欠なヘルスケアである。自立と自決の精神に則り，コミュニティや国がその発展の度合に応じ負担できる費用の範囲内で，コミュニティの中の個人や家族があまねく享受できるよう，十分な住民参加のもとで実施されるものである。　　　　　　　　　　　　（「アマルアタ宣言」より，中村安秀翻訳）

　プライマリ・ヘルスケアの具体的な活動項目はアルマ・アタ宣言第 7 条で以下のように定義づけられている。

　(1)保健教育，(2)食糧確保と適切な栄養，(3)安全な水と基本的な衛生，(4)家族

計画を含む母子保健，(5)予防接種，(6)風土病対策，(7)簡単な病気や怪我の治療，(8)必須医薬品の供給。

また同7条に実施上の原則が以下のようにあげられている。

(1)地域社会のニーズに基づくこと，(2)地域資源の有効活用，(3)住民参加，(4)農業，産業，教育，住宅，通信，水利など多分野間の協調と統合。

ここでわかるようにプライマリ・ヘルスケアは医療技術に偏重するものではなく，食糧／水／衛生／教育などの生活全般の改善，予防医学，健康づくり，基礎的な保健サービス（care）を重視し，またそれらが住民／当事者主体，ボトムアップで行われることをめざす包括的な概念である。

(3) カイロ国際人口・開発会議行動計画とリプロダクティブ・ヘルス／ライツ

カイロ国際人口・開発会議において，人口政策の焦点がそれまでの「人口の数」の問題ではなく，「一人ひとりの生活の質」の問題であることが合意され，「カイロ国際人口・開発会議行動計画」（以下，カイロ行動計画）が出された。そのなかで「リプロダクティブ・ヘルス／ライツの実現が，人間を中心とした持続可能な開発と人口の安定に取って前提条件である」という点が明確化された。

> リプロダクティブ・ヘルスとは，人間の生殖システムおよびその機能と活動過程のすべての側面において，単に疾病，障害がないというばかりでなく，身体的，精神的，社会的に完全に良好な状態にあることを指す。したがって，リプロダクティブ・ヘルスは，人々が安全で満ち足りた性生活を営むことができ，生殖能力を持ち，子どもを持つか持たないか，いつ持つか，何人持つかを決める自由をもつことを意味する。さらに，安全で効果的，安価で利用しやすい避妊法についての情報やサービスを入手することができることが含まれる。

つまり性と生殖に関して，すべての人，なかでもとりわけこれまで権利が認められないことが多かった女性が自分の幸せを追求できる選択肢を得られることで，最終的には人口増加の安定はもとより地球の限られた資源を持続可能な方法で利用しながら幸福な社会を築くことをめざすことが，カイロ国際人口・開発会議から明確化されるようになったのである。

このアルマ・アタ宣言（プライマリ・ヘルスケア）とカイロ行動計画（リプロダクティブ・ヘルス／ライツ）は，さらに MDGs，SDGs へと受け継がれ発展していった。

(4) MDGs から SDGs へ

　ミレニアム開発目標（MDGs）は 2000 年にニューヨークで開催された際の国連ミレニアム宣言と，それまでの国際会議やサミットで採択された目標を統合したもので，2015 年までのさまざまな目標を具体的な数値目標として示している。

　だが，この MDGs とそのもとになっているプライマリ・ヘルスケアは基本的に途上国の問題に密接にかかわるものとみられており，先進国にとってはやや当事者意識にかけることが従来から指摘されていた。グローバル化が進んだ現在，先進国と途上国の間での行き来が前世紀と比較して格段に拡大し，途上

表 3-1　戦後の国際的な保健に関する潮流の比較

アルマ・アタ宣言 カイロ行動計画	MDGs	SDGs
・保健教育 ・食糧確保と適切な栄養 ・安全な水と基本的な衛生 ・家族計画を含む母子保健 ・予防接種（感染症対策） ・風土病対策 ・簡単な病気や怪我の治療 ・必須医薬品の供給 ・リプロダクティブ・ヘルス／ライツ	・極度の貧困と飢餓の撲滅 ・普遍的初等教育の達成 ・ジェンダーの平等推進と女性の地位向上 ・乳幼児死亡率の削減 ・妊産婦の健康の改善 ・HIV／エイズ，マラリアその他の疾病蔓延防止 ・環境的持続可能性の確保（安全の水と基礎的な衛生施設含む） ・開発のためのグローバル・パートナーシップの推進（開発途上国において必須医薬品を入手・利用）	・貧困撲滅 ・飢餓撲滅 ・健康と福祉 ・質の高い教育 ・ジェンダーの平等 ・水と衛生へのアクセス ・持続可能かつ近代的なエネルギー ・持続可能な経済成長と雇用 ・インフラと技術革新 ・格差是正 ・安全で持続可能な都市 ・持続可能な生産と消費 ・気候変動対策 ・海洋の持続可能性 ・陸上生態系の持続可能性 ・平和と公正 ・グローバル・パートナーシップ

出所：筆者作成

国のなかから新興国と呼ばれる力をつけた国が出てくるなど，状況はさらに変化してきた。さまざまな問題を途上国／新興国／先進国がそれぞれ別個に解決することは現実的ではなくなり，すべての国が持続可能な形で発展する必要が叫ばれはじめ，人間，地球および繁栄のための行動計画としてSDGsが新たに採択されることになったのである。改めてアルマ・アタ宣言とカイロ行動計画をSDGs，MDGsと比較すると，プライマリ・ヘルスケアおよびリプロダクティブ・ヘルス／ライツとの強いつながりがみられる点はSDGsとMDGsの双方に共通している。さらに，SDGsでは「誰一人取り残さない」ことをめざし，途上国だけでなく先進国も含めた人類全体が持続可能な形で幸福を追求する，より包括的なものとなっていることがわかる（表3-1）。

③ 目標3には何が述べられているのか

本章で扱う目標3には，以下のターゲットが設定されている。

> 3.1：女性の健康，3.2：子どもの健康，3.3：感染症，3.4：生活習慣病，3.5：ドラッグとアルコール問題，3.6：交通事故問題，3.7：家族計画を含むリプロダクティブ・ヘルス，3.8：ユニバーサル・ヘルス・カバレッジ（UHC），3.9：公害問題，3.a：タバコ問題，3.b：途上国における薬やワクチンの廉価な提供，3.c：発展途上国における保健システム強化，3.d：途上国における新興感染症などへの警戒システム強化

ここでは，それらを①母子保健とリプロダクティブ・ヘルス／ライツ，②感染症，③非感染性疾患（日本でのいわゆる「生活習慣病」），④経済発展の副作用，⑤ユニバーサル・ヘルス・カバレッジ（UHC）に分けてみていきたい。

(1) 母子保健とリプロダクティブ・ヘルス／ライツ

今日でも世界の健康を論じるときに真っ先に取り上げられるのは母子保健であり，それと密接にかかわるのがリプロダクティブ・ヘルス／ライツである。妊娠期間中と産後の母親および乳幼児期の子どもが死に至る可能性や，その間生じた問題が後々まで大きな影響を残す可能性が高く，健康に最も大きな影響

表 3-2　新生児死亡率等の国際比較

	アンゴラ	シェラレオネ	ナイジェリア	スウェーデン	シンガポール	日本	アメリカ
新生児死亡率（出生 1,000 対）	29	33	34	2	1	1	4
5 歳未満児死亡率（出生 1,000 対）	83	114	104	3	3	3	7
出生時の平均余命（年）	62	52	53	82	83	84	79

を与える要素の 1 つといえる。

　SDGs に先立つ MDGs でも妊産婦の健康改善は重点目標とされ，妊産婦死亡率を 1990 年（380/10 万出生）比で 4 分の 1 まで削減する目標が立てられ，2013 年までに 45% 減少（210/10 万出生）という大きな進展はあったもののターゲット達成には至らなかった。SDGs における目標は意欲的なもので，これを 2030 年までに 70/10 万出生以下に下げるというものである。

　子どもの死亡のほとんどは 5 歳未満であり，その約半分は新生児である。そのため子どもの健康を考えるうえで新生児死亡率と 5 歳未満死亡率は非常に重要な指標となる。新生児および 5 歳未満児死亡も妊産婦死亡同様，MDGs で重点目標とされ，5 歳未満幼児死亡率を 1990 年（90/1000 出生）から，2015 年までに半分以下に減少（43/1000 出生）させるという大きな進展がみられた。SDGs ではこれをさらに進展させ，5 歳未満児死亡を 1000 人当たり 25 人まで減らすことを目標としている。紛争地やアフリカの多くの国などではいまだに世界平均よりもはるかに上であり，100/1000 出生以上の国も少なくない。それに対し日本は現在 3/1000 出生ほどであり，国や地域間での格差が非常に大きいことがみてとれる（表 3-2）。これは 5 歳未満児死亡率が高い国では予防もしくは治療可能な原因で多くの子どもが死亡していることの現れである。

(2) 感染症

　感染症は，有史以来人類を悩ませ続けており，世界の健康を考えるときに非常に重要なテーマである。

　第二次世界大戦後，治療薬，予防接種の進歩や先進国の衛生状態・栄養状態の向上などにより，結核をはじめとした感染症は日本などの先進国では格段に

減り，「感染症は途上国の問題」となりつつあった。しかし，アフリカ起源の HIV／エイズなどの新興感染症[1] がまたたく間に世界に拡大し，また HIV／エイズにより免疫力が低下した人々が多く出たことや耐性菌の出現などを背景に流行が収まりつつあった結核などの再興感染症[2] が再度広がりをみせた。結核は 2017 年に 1000 万人が罹患し，160 万人が死亡した。これら結核死亡者のうち約 30 万人は HIV 感染者であり，結核は HIV 感染者の主要な死因の 1 つである。エボラ熱はここ数年繰り返し発生し，そのたびに世界各国が協力してその封じ込めに努めている。また，デング熱，ジカ熱など蚊が媒介するウイルス性疾患も地球温暖化による蚊の生息域拡大と，グルーバル化による過去とは桁ちがいに多い人々の移動によりその脅威を増している。つまり感染症は今や「自分の国だけよければいい」という姿勢では拡大を助長してしまう状態となっており，世界規模の対策が必要とされている。しかしながら，多くのステークホルダーの利害関係が絡む対策の実行は簡単ではない。エイズの治療 (抗レトロウイルス療法，antiretroviral therapy：ART) を例にあげる。

　エイズは，治療薬の進歩により世界的に状況が劇的に改善し，現在途上国においても多くの地域でエイズ治療薬は無料配布が行われている。しかし，HIV 関連の死亡が減るまでの道程は平坦ではなかった。1990 年代初頭にエイズ治療薬が開発・使用されはじめると，エイズ治療薬を安価に入手・製造したい途上国側と，特許権を保護し自国の製薬会社の権利を確保したい欧米先進国間の激しい軋轢(あつれき)が発生した。それらの激しい軋轢を経て，現在では製薬会社は途上国向けに先進国よりもエイズ治療薬を廉価に提供し，またジェネリック薬の製造を許可するようになった。この点は，ターゲット 3.b “途上国における薬やワクチンの兼価な提供” においても，とくに強調された形で取り上げられている。

　マラリアはいまだにアフリカで猛威をふるっており，多くの人々，とくに子どもや妊産婦が多く死亡している。2017 年に世界では 2 億 1900 万件マラリアが発生し，その 92％にあたる約 2 億件はアフリカである。同年のマラリアによる死者は 43 万 5000 人と推計されそのうち，61％に当たる 26 万 6000 人を 5 歳以下の子どもが占めており，引き続き対策強化が求められている。

また熱帯の比較的貧しい地域に患者が集中しているいくつかの熱帯感染症は，患者が貧困層に集中し，死亡率がさほど高くないことに加え患者数も限られるなど，製薬会社にとってマーケットとしての魅力に乏しく治療薬の開発が進まないケースが多い。これが「顧みられない熱帯病（Neglected Tropical Diseases）」と呼ばれ貧困に起因する生活環境によって引き起こされると同時に，疾患による影響がさらなる貧困を招く原因になるという悪循環を引き起こしやすい。

　途上国のみならず先進国においても予防可能な感染症の流行が問題となるケースもみられている。2018～2019 年に日本でも風疹ならびに麻疹の流行が問題となった。これは集団免疫の弱い一定の年代の日本人やワクチン摂取を意図的に避ける人たち，ならびにワクチン未接種の外国人などの間で感染が拡大してしまうケースである。妊婦が感染した場合出生児が先天性風疹症候群などの後遺症を発症する可能性や，予防接種前の乳児の麻疹罹患による生命の危機などがあり，重大な問題と考えられている。これらも，国境を超えたグローバルな対策が重要となってくる。

(3) 非感染性疾患（生活習慣病）

　先進国では治療薬，予防接種，衛生状態，栄養状態などが改善することで感染症の脅威は過去に比べて格段に減ったが，寿命が長くなるにつれて非感染性疾患（Non-communicable Disease（s）：NCD）が大きな問題となっている。そして今日，途上国でも寿命の伸びや公衆衛生の改善から感染症のみならず非感染性疾患が大きな問題となりつつある。

　非感染性疾患は，日本では生活習慣病[3]ともいわれている。WHO は，喫煙，運動不足，過度の飲酒，不健康な食習慣などが原因の疾患を「非感染性疾患（NCD）」としている。非感染性疾患は慢性病とも呼ばれ，長期にわたる傾向があり，遺伝的要因，生理学的要因，環境要因，生活習慣要因などの組み合わせで発症するもので，主なものとして，心臓発作，脳卒中，がん，慢性呼吸器疾患（慢性閉塞性肺疾患や喘息など），糖尿病があげられる。

　健康的な生活を自ら選択できるようにすることは，生活習慣病の予防や改善

に重要な要素であり，健康的な生活を自ら選択するためには，目標4（教育）が非常に重要なキーとなってくることがわかる。それは単なる一時的な保健教育だけにとどまらず，出生直後から生涯にわたる取り組みが必要となってくる課題である。

(4) 経済発展の副作用

経済発展は，人々が豊かになりより健康になるため重要ではある。とはいえ，その副作用も少なからずあり，それらの副作用に対する対策を行わなければ健康で持続可能な発展は望めない。それら経済発展の負の影響に関連して目標3では，3.6 "交通事故問題"，3.9 "公害問題" の2つのターゲットがあげられている。

日本でも，過去にモータリゼーションが進んだ時期に交通事故死亡者数が年間1万人を超えて「交通戦争」と呼ばれた。1970年には1万6000人以上が死亡する事態となったが，信号機や歩道などのインフラ整備，救急救命体制整備，死傷者向けの補償・保険制度，法整備，自動車の安全性向上，啓発教育によるモラルの向上などを通じて今日では3000人台まで下がってきている。

途上国に目を向ければ，現在経済発展に伴い猛烈な勢いでモータリゼーションが進んでおり，それに伴って交通事故による死傷が大きな問題となっている。ここでは教育（交通安全に関する啓発），インフラ（信号機や適切に整備された道路など），安全な都市などが大きくかかわってくる。

また，公害に目を向ければ，日本も過去の高度経済成長時代には水俣病やイタイイタイ病をはじめとする猛烈な公害が発生し，多くの人々に発病から後遺症や死に至る甚大な被害をもたらした。現在ではインフラの整備，技術進歩，法規制等により日本での公害被害は格段に減ったものの，途上国，新興国では今まさに公害が人々に大きな被害を与えているケースが多くみられる。

(5) ユニバーサル・ヘルス・カバレッジ（UHC）

世界中，今やどこの国も保健施設を有している。だが，質の高い医療にアクセスできる人間は限られている。先進国であっても必ずしも質の高い医療に誰

もがアクセスできるとは限らない。そこで重要になってくるのがユニバーサル・ヘルス・カバレッジ（UHC）の概念である。

UHCの定義は「すべての人が，適切な健康増進，予防，治療，機能回復に関するサービスを，支払い可能な費用で受けられる」とされる。

またその実現には，図3-1に示す3つのアクセスとサービスの質的向上が必要である。

筆者のこれまで経験のあるブラジル国，モザンビーク国，アンゴラ国などはそれぞれ国の発展段階こそちがうが，「医療施設に着くまで何時間もかかるし交通費も払えない」「医療施設に行っても医者も看護師もいない，薬もないので行ってもしょうがない」「夫が医療従事者に性器を見せてはダメだと言って産前検診に行かせてくれない」「賄賂を払わないと何時間も待たされる」「お金がなければ質の低い公的医療で我慢するしかないが，富裕層はプライベートクリニックに行ったり，海外に行って医療を受けたりしている」という住民の発言は共通して多く聞かれた。このように質のよい医療にアクセスができていないという問題は多くの途上国で共通している。

日本には国民皆保険制度やさまざまな社会保障制度があり，UHCを最も達

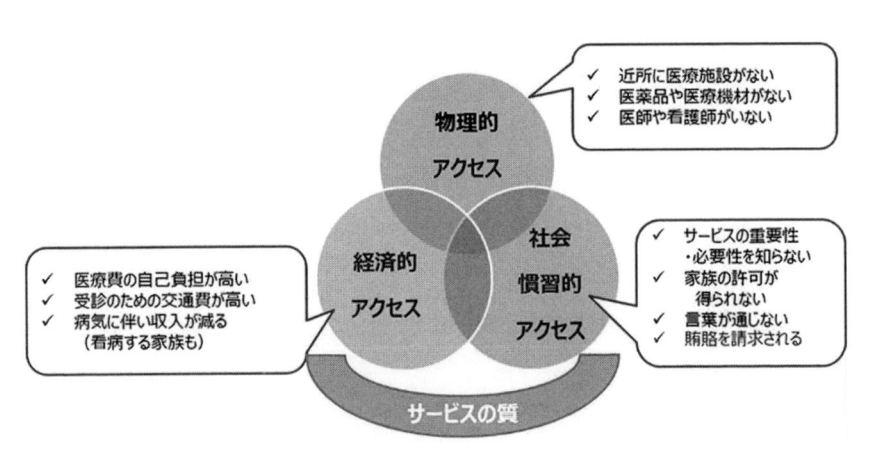

図 3-1　UHC 実現のための 3 つのアクセスの改善
出所：JICA サイト：https://www.jica.go.jp/aboutoda/sdgs/UHC.html より

成している国の1つである。JICA の研修で日本を訪問し，日本の国民皆保険制度を実際に目で見た途上国の保健行政関係者が非常に感心し，自国にどうにか取り入れられないかを真剣に考え議論する姿を筆者は多く見てきた。

　JICA はこの日本の強みを活かし，UHC を推進するために国際社会のなかで積極的にアドボカシーにつとめ，また，途上国向けの支援を実施している。日本では医療費の増大が問題になっているが，国民皆保険制度は日本が世界に誇るべきシステムの1つであり，日本が世界に貢献すべき分野の1つであろう。

④　「すべての人に健康と福祉を」と教育

■日本式母子手帳の世界的広がりと効果

　筆者は，JICA 専門家としてアンゴラ国における母子手帳導入プロジェクトにたずさわっている。このプロジェクトではアンゴラ国保健省公衆衛生局とJICA が協力し，母子手帳をアンゴラに導入し健康状態を改善することをめざして実施されている。ここでは母子手帳と教育について述べたい。

　母子手帳のルーツを探れば，日本で1942年に使用されはじめた妊産婦手帳があり，妊娠の届出制と妊婦健診の励行が推奨され，母子保健サービスが整備されはじめた。戦後1948年には妊婦健診の記録だけではなく，複合的な機能を有する現在の形に近い母子手帳となった。これ以降の母子手帳は，妊娠中から子どもが5歳に至るまでの母子の健康状態を継続的にケアし，また母親が自分と子どもの健康を自分のものと考え，的確な決定を行えるようにする啓発教育とエンパワーメントのためのツールである。そこには妊娠中の母体と胎児の健康を守るための産前検診の記録，出産時の記録，子どもの成長記録，ワクチン記録などとともに，妊娠・出産・育児に関するさまざまな情報も盛り込まれている。

　日本も終戦直後は非常に死亡率が高い状態であった。だが，終戦後20年ほどでアメリカ合衆国よりも妊産婦死亡率が低い状態を実現し，現在世界で最も妊産婦死亡率・乳幼児死亡率の低い国の1つとして知られている。

　母子手帳の第一人者として知られる中村安秀は日本の乳幼児死亡率が非常に

低い原因を，少ない格差，国民皆保険制度とともに母子手帳であると述べている。世界的にみると，妊婦カード（産前検診ツール）と子ども健康カード（子どもの体重身長とワクチン接種記録）の２つのツールに分かれていることが多いが，次第に２つが統合された母子手帳が普及しつつある。日本式の母子手帳のメリットとしては以下があげられる。

> ・産前検診，出産，新生児，小児ケアの継続性。
> ・検診情報の継続性（施設ではなく母親が検診記録をもつのでどこに行っても以前の情報が参照でき，新たな情報を記録できる）。
> ・保健教育パンフレットが配布されても紛失してしまうことが多く，またその供給も一時的に行われてその後途絶えてしまうことが途上国では多いが，手帳内に保健教育情報を載せることで妊産婦とその家族向けの情報が確実に届けられる。
> ・情報や記録を手帳に一本化することで印刷／配布コストを削減。
> ・最低限受けるべき／提供すべき母子保健サービスが何なのか，妊産婦とその家族，そして保健施設従事者に明確になる。

　途上国では，母子手帳に多くのイラストを使う。これは貧しい地域の家族，とくに女性に字が読めない人が多いことからである。そういった人々に適切な保健情報を伝えるためにイラストを多用するのである（図3-2）。
　インドネシアで母子手帳を使用したグループと使用していないグループを比較した研究でも，妊娠，出産，子どもの健康管理において，母子手帳を使用した母親たちはより正しい知識をもつようになっていたことが示されている。母子手帳では母親が自分と子どもの記録を管理する。これは自身の健康状態を管理するというオーナーシップ，ひいては女性のエンパワーメントにもつながるといえる。
　このように母子手帳は単なる産前検診の記録ではなく，妊娠中の母体の栄養摂取／生活習慣に関する注意，母乳

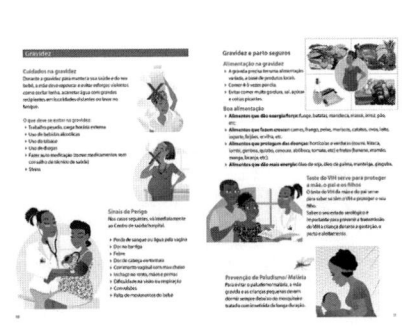

図3-2　アンゴラ国母子手帳の一部

保育をはじめとする子どもの栄養や下痢症予防などに関する教育マテリアルという側面を強くもち，母子手帳は母子の健康を推進するうえで重要なツールであることがわかる。

近年，「人生最初の 1000 日」（妊娠中 280 日間と生後 2 歳までの 730 日）の栄養状態が母子保健のキーワードの 1 つとなっている。これはこの時期の栄養摂取が不足していた者は，高い乳幼児期死亡率，成人後の 2 型糖尿病／高血圧の高発症率，生涯にわたる知的発育や収入への悪影響と貧困の連鎖などが示唆され

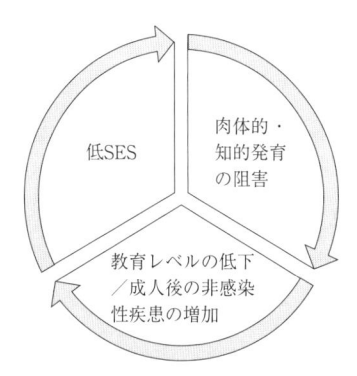

図 3-3　最初の 1000 日の栄養問題から始まる貧困の連鎖
出所：筆者作成

ているためである。最初の 1000 日が悪い方向だと，「栄養問題→肉体的・知的発育の阻害→教育レベルの低下→成人後の非感染性疾患の増加／低い社会経済的要因（socioeconomic status：SES）→貧困がさらに次世代の栄養問題につながり貧困の連鎖」となってしまう。この負の連鎖を断ち切るためには，母子手帳などの効果的な教育ツールを使用した母親と家族向けの啓発教育が重要である。

また，近年の日本国内における母子手帳に関して特筆すべき活動として「しずおかリトルベビーハンドブック」がある。当事者のお母さんたちが中心となって小さく生まれた赤ちゃんのための母子手帳を自主的に作成し，いわゆる「標準」にとらわれずそれぞれの子どもの成長を記録できるようにした。

この手帳は静岡県によって制度化され，次第にほかの自治体にも広がりつつある。これも住民主体の PHC のすばらしい実践例であり，「誰も取り残さない」まさに SDGs の精神を体現した活動といえる。

5　「すべての人に健康と福祉を」実現する可能性と課題

■アマゾンの地域保健とアグロフォレストリーを事例として

筆者は，2003 年からブラジル・アマゾナス州マニコレ市で NPO 法人 HANDS に所属しながら農村部の保健改善プロジェクトに従事した。主な活動

はコミュニティ・ヘルス・ワーカー（以下，CHW）の能力向上であった。

　CHW は農村部の村のもともとの住民であり，村人への保健教育と，病気のときに患者を街の病院にリファーすることが活動の中心である。

　プロジェクトではこれらの CHW への研修を実施した。CHW の意識が向上し，その知識を更にそれぞれが居住する村で広めることが狙いであった。CHW が各家庭を訪問し，また教会や学校で人が集まる機会を利用し，飲料水の適切な消毒やトイレづくり，地元産品を使った栄養価の高い食事，妊娠時の産前検診受診やワクチン接種などに関する啓発教育活動が実施され，農村部住民の保健意識は向上した。

　しかし，やはりそもそも健康問題の根底にある貧困状態，栄養不足状態は解消できない。健康問題はそれだけを切り離して考えられるものではなく，生産活動も含めた構造的なものなのである。また環境上の問題から大規模農業を導入することも現実的ではなく，たとえ実施したとしても一般農民は裨益しない。そこで住民の長期的な収入向上と栄養改善のために始まったのがカカオを中心としたアグロフォレストリー普及プロジェクトであった。

　プライマリ・ヘルスケアの活動として，①保健教育，②食糧確保と適切な栄養，③安全な水と基本的な衛生，④家族計画を含む母子保健，⑤予防接種，⑥風土病対策，⑦簡単な病気やケガの治療，⑧必須医薬品の供給があげられ，また実施方針として，①地域社会のニーズに基づくこと，②地域資源の有効活用，③住民参加，④農業，産業，教育，住宅，通信，水利など多分野間の協調と統合があげられていることをここで思い出してほしい。また農村開発専門家であり，NGO 活動にも造詣の深い東京農工大学の山田祐彰は「農村での保健活動を行う NGO の多くが最終的には健康も含めた生活向上のために農業にものりだす」と述べる。まさにそのような経緯をたどって筆者が実施していたプロジェクトは農業にもかかわっていったのだった。

　アグロフォレストリーという言葉は，農業を意味する Agro と林業を意味する Forestry が組み合わされたもので，日本語では森林農法などとも呼ばれる。これは，1 つの土地で複数の作物を組み合わせて栽培し，かつそこに少なくと

も1つの大型の樹木（用材樹種，果樹，ヤシ類など木本性作物。ブラジルの定義では樹高6m以上のもの）を含み，土地を水平にも垂直にも有効に利用して生産するシステムで，「人と森が共生する農業」と呼ばれる。

　農業にかかわる政府系農業研究普及機関であるカカオ院（CEPLAC）をカウンターパートに，アマゾン東部地方でアグロフォレストリー農法を確立している日系入植地トメアスの農協（CAMTA）の協力，JICA草の根技協としての支援を得て，マニコレ市農民向けのアグロフォレストリー普及事業を実施してきた。アグロフォレストリーではさまざまな自家消費用の野菜，根菜，果実などを育てるとともに材木種，そしてカカオなどの商品作物を栽培する。2015年にNPO法人HANDSとしてのアマゾンでの活動は終了したが，筆者はNPO法人クルミン・ジャポンを設立して活動を継続し，2018年には初めてマニコレから日本に高品質カカオを輸出するところに達し，またそのカカオはそのユニークさとフレーバーのよさで非常に好評を得ることができた。

　アマゾン奥地で住民の健康，収入・栄養向上をめざし持続可能で収益性のある農法を導入する。そしてそこで生産された健康的な食品を地元の人々が消費し，またはるか離れた地で日本人もそこで生産されたカカオを買って食べる。プライマリ・ヘルスケアに代表される「健康」を実現するためには，教育，農業，環境などさまざまな要素を巻き込みながら進めていく必要がある。そして地球の反対側の健康や教育，農業や，環境も私たち日本人の消費生活と無関係ではいられない，それがSDGsを通してみえてくるのである。

注
1) かつては知られていなかった，この20年間に新しく認識された感染症で，局地的に，あるいは国際的に公衆衛生上の問題となる感染症（1990年に発表された定義であり，1970年以降のもの）。
2) かつて存在した感染症で公衆衛生上ほとんど問題とならないようになっていたが，近年再び増加してきたもの，あるいは将来的に再び問題となる可能性がある感染症。
3) 適切な生活習慣により，ある程度の予防が可能なのは事実であるが，後述の「最初の1000日」で示すように，胎児期・乳幼児期の栄養状態など本人の努力が及ばないファクターもあり，「生活習慣病」と呼ぶことで「本人の不摂生が原因」「自己責任」との決めつけになりかねないとの議論もある。

参考文献・ウェブサイト

Baequni, Nakamura Y.（2016）The Effect of Home-Based Records on Maternal and Child Health Knowledge and Practice in Indonesia, Journal of International Health

Carlos Correa at.el.（2000）Integrating Public Health Concerns into patent legislation in developing countries South Centre

isa Goozé at.el, Tuberculosis and HIV, IV InSite Knowledge Base, 2013 http://hivinsite. ucsf.edu/InSite?page=kb-05-01-06

JICA（1998）『プライマリ・ヘルスケア（PHC）の手引き』

JICA（2004）『日本の保健医療の経験』

Kenneth W. Newell（1975）Health by the People, WHO,

Li Liu et al., Global,regional,causes of under-5mortality in 2000-15: an updated systematic analysis with implications for the Sustainable Development Goals. www.thelancet.com, Vol388 December, 17/24/31, 2016.

The General Assembly, United Nations, Transforming our world: the 2030 Agenda for Sustainable Development, 2015,

UNICEF（2017）『世界子供白書』

United Nations（2015）The Millennium Development Goals Report

WHO Fact sheet, Universal health coverage（UHC）, https://www.who.int/news-room/ fact-sheets/detail/universal-health-coverage-（u hc）

WHO https://www.who.int/news-room/fact-sheets/detail/noncommunicable-diseases

WHO（2018）*World Malaria Report 2018*

WHO. What is universal coverage? https://www.who.int/health_financing/universal_cov-erage_definition/en/（最終閲覧 2019 年 3 月 10 日）

WHO・UNICEF 主導「アルマ・アタ宣言」第 7 条 https://www.who.int/publications/ almaata_declaration_en.pdf?ua=1

国土交通省道路分科会基本政策資料「近年の交通事故の推移」http://www.mlit.go.jp/ road/ir/kihon/sank533.pdf

松田正己（2014）「PHC の変遷と 21 世紀の課題」『国際保健医療』第 29 巻第 2 号

中村安秀（2018）『保健の科学』Vol.60

特定非営利活動法人シェア＝国際保健協力市民の会 http://share.or.jp/opinion_advocacy/ insistence/005.html

日本 WHO 協会「健康の定義について」http://www.japan-who.or.jp/commodity/kenko. html（最終閲覧 2019 年 3 月 9 日）

本田徹（2019）『世界の医療の現場から』連合出版

　戦後日本の公害問題は，日本で暮らす多くの人たちの健康を蝕んだ。とくに大気汚染は，四日市をはじめ，千葉や水島などの工業地帯，東京や大阪，名古屋といった大都市の問題でもあり，ぜん息をはじめとした呼吸器疾患に多くの人が苦しむこととなった。

　大阪・西淀川で，大気汚染による子どもたちの異変に気づいたのは現場の教員であった。大気汚染公害はその渦中にいると気づきにくいものだが，教員がこの汚れた空気で育つ子どもたちの発達を疑問視したことから調査に動き，公害を指摘した。同時期に，西淀川区医師会は被害者の救済について制度をつくるように国に働きかけたり，救済制度が成立してからは公害病認定を推進した。こうした教員や医療従事者が職務を全うする形で調査や被害者の組織化を支えたことで，公害反対運動が活性化していった。具体的には住民とともに学ぶ機会をつくっていったことによって，公害被害者は自らのおかれた状況を意識化するにいたった。工場と住居の距離が近く混在している町では，工場の煙は繁栄の印であり，それを批判することは非常にむずかしい。公害被害を受けた当事者たちは，小さな学習会を積み重ねながら，公害への認識を深め，被害者同士が対話を深めるなかでエンパワーメントし，公害反対運動に立ち上がった。公害の解決に向けた営みに教育が果たした役割は大きい。

　現在も日本の公害については，被害者救済や公害規制に関して課題は残っているため，当事者による公害反対運動は続けられており，「公害は終わった」とはいえない状況がある。しかし，1990 年代に入ってからは長期にわたった公害訴訟の多くが和解の道をたどったこともあり，近年は公害の被害者の「公害の経験を伝えたい」という願いをもとに，各地に公害の経験を伝える資料館や団体がつくられている。

　公害が激甚な時代から，SDGs が掲げられる現在に変化するなかで，公害の学びも変化しつつある。ここでは，大阪・西淀川で実践されてきた公害の経験から学ぶ事例を紹介していきたい。

1　公害の前提

　公害問題は，戦前から大阪などの工業地帯や，足尾銅山などの鉱山の排水や煙害などによって問題化していたが，公害を規制し衛生対策をするよりも，産業の推進が重視されてきた。大阪では，大気汚染の対策が行われても，戦争への協力が求められるなかで対策が打ち切られてしまった。また，第二次世界大戦によって，インフラや工場が被害を受けたことで，戦後はそれらの機能を回復させようと経済発展が最優先となり，公害がまき散らされる。経済の繁栄が国是であり，工場の増産が地域や住民を幸せにすることだと信じられていたのである。更なる増産をめざして，燃料が石炭から石油に転換し，産業の構造は戦前とは変わって石油化学コンビナートが主流になっ

ていく。

　大気汚染に着目すると，石油が燃料の
主流になることで石油に含まれる硫黄酸
化物が空気中に放出され，広範囲で大規
模な健康被害を巻き起こした。また，自
動車産業が日本の産業の中心になるとと
もに，輸送がトラック輸送に切り替わり，
工場からの汚染だけでなく，自動車とい
う移動発生源からの大気汚染による健康
被害も問題となっていく。汚染物質の1
つである二酸化窒素の環境基準は1973
年に制定され，全国の228測定局で測定

1960年代の西淀川地域の大気汚染公害（西淀
川・公害と環境資料館所蔵）

されたが，1975年度の『環境白書』によると，環境基準の長期的評価に適合した測
定局は，国設の札幌測定局など4局にすぎず，大都市においては，環境基準値の3〜
4倍の汚染濃度を示していた。日本全体が大気汚染に包まれていたのである。

　これらの状況を改善するために立ち上がったのは，公害の被害者である。公害被害
者は弁護士や学者，地域の労働組合などの支援を受けて，組織・ネットワークをつく
り，国や地方自治体，経済団体や企業に交渉をし，または裁判という形で声を上げて，
環境の改善と救済の制度を拡充させるための運動を続けてきた。これらの運動によっ
て，大気汚染では自動車NOxPM法やPM2.5の環境基準が定められて大気汚染が軽
減され，東京都や川崎市の未救済の喘息患者の救済制度が整備されるに至った。また，
公害被害者はみずから公害地域再生のまちづくりに取り組み，長谷川公一がいうよう
に「防衛的な異議申し立て運動」から，「提案型の新しい運動」へと転換することと
なった。

　この「提案型の新しい運動」として，公害地域再生を掲げるにいたる公害反対運動
を支えたのが，西淀川の公害教育である。大阪・西淀川では四日市・千葉川鉄公害裁
判に続く大気汚染公害裁判として，1978年に公害被害者が企業10社と国・高速道路
公団を訴えた。西淀川公害訴訟は都市型大気汚染として，原因の排出源が判然としな
いなかで提訴した複雑な訴訟であり，21年という長期間の訴訟であったが，結果と
しては地裁判決で原告は勝訴を得たうえで，和解を選んだ。1996年には企業からの
和解金でまちづくりを行う組織である公害地域再生センター（あおぞら財団）を設立し
て，公害の経験を生かして，未来に伝えるために西淀川・公害と環境資料館（エコミ
ューズ）の運営と教育活動を続けている。

② 公害被害地域での学び

　これまでのあおぞら財団での「公害の経験を生かす」教育活動は，3段階に分けら
れる。第1段階は1996年の設立当初に環境教育に取り組んだ時期，第2段階は2006
年ごろからのESDとの出会い，第3段階は2014年ごろからの「公害について学ぶ」

から「公害の経験から学ぶ」に広がりを見いだした時期に区分される。

第1段階では，フィールドミュージアム構想，環境教育の手法を用いた自然調査，参加型アセスメントをモデルとしたまちづくり学習，車中心のまちから環境にやさしい交通をめざす交通環境教育への展開などを行った。これらの取り組みは公害が現代の社会に残している課題を，環境教育として学ぶことをめざしていた。たとえば，地域の資源探しとして原風景を探検する「まちづくり探検隊」や公害

「公害の経験を生かす」教育活動

の現状を自然調査から把握する学びがめざされた。

公害は被害者と行政および企業との信頼関係を崩壊させてしまいがちである。地域住民にとって，公害被害者の存在は地域発展を阻む存在として誤解されていることが多かった。そして公害の否定や，補償金目当てのニセ患者という偏見がいまだに存在している。公害の被害者は，地域内のマイノリティである。「誰一人取り残さない」ためにはマイノリティの意見を聴き逃さないことが重要であるが，信頼関係が崩壊した状態では対話を行うことはむずかしく，あおぞら財団の初期のまちづくりは手探りで取り組む状況にあった。

また自然調査を教育と連動させて，子どもの参画が実現するようにセミの抜け殻調べやたんぽぽ調査といった自然調査のイベントを開催したが，調査がイベント化し，調査としての正確性を担保することがむずかしく，そのうえ子どもの自発的な参加はむずかしい状況にあった。いっぽうで，公害を伝えるために学校教育の場面で授業を行ったが，被害者の語りに頼る部分が大きく，正しい知識を伝える一方通行なものとなっていた。環境公害が人間や地域社会に及ぼす影響に対する視点まで行きとどかなかったといえよう。

第2段階の展開として，ESD の視点が加わったことで，地域に変化を生じさせることとなった。あおぞら財団の設立趣意書には「住民と企業と行政のパートナーシップの再構築」が目標として掲げられているが，これは ESD が重視するステークホルダー間の対話と通じるものがあった。その目標に向けて，「教育」という手法を用いたのである。具体的に行ったのは「公害地域の今を伝えるスタディツアー」や環境省 ESD モデル事業としての西淀川菜の花プロジェクトである。

スタディツアーでは，地域住民・行政・企業といった，公害被害者と対立関係にあり，また信頼関係が築けていない人たちのもとに，ユース世代がヒアリングに訪れた。「これからの未来のためにこれまでに行ってきたことを聞かせてほしい」とユースが学びに行くことで，それぞれの想いを聞き出すことが可能となった。ユースがヒアリングすることで，企業や行政もいろいろなしがらみがあるなかで公害対策を行ってい

る事実を語った。これらの言説は，交渉の場所では語られることのなかった事実であった。これまでの公害の関係性から自由なユースであるから語られることが可能となったのである。それらの想いをユースが受け止め，咀嚼し，そこから何を学んだのかを発表し，それを住民・行政職員・企業関係者というステークホルダーが聞くのである。ユースを介してお互いがかかえる考えのちがいを聞くことで，初めて対話がなされたのである。これらの経験は ESD という枠組みがなければ起きることのなかった対話であった。

3 困難な課題に向き合った市民の歴史として「公害の経験から学ぶ」

　第 3 段階として 2014 年ごろから試みているのが，「公害について学ぶ」にとどまらず，「公害の経験から学ぶ」という展開である。

　2011 年の東日本大震災に伴う福島第一原発事故以降，かつての公害の経験から学ぼうとする動きが現れはじめた。そのような動きに呼応する，ポスト 3.11 の日本社会において必要な「公害の経験から学ぶ」営みとは，どのようなものだろうか。それは，かつて公害に直面した人々の経験から学び，今まさに，困難な課題に直面している当事者が，自らの人権が侵害されているということを自覚し，人権の回復のために行動を起こしうる，エンパワーメントにつながる教育を生み出すことではないだろうか。あおぞら財団の教育活動は第 2 段階までは，「公害地域の再生」のために「教育」を手法として用いた側面があったが，第 3 段階では，地域限定の学びではなく，公害について知識や経験のない学習者が，公害を題材として理解し，考えることをめざした教材作成に取り組むこととなった。

　その教材は，あおぞら財団付属「西淀川・公害と環境資料館」に所蔵されている，大気汚染公害が激甚だった時代の資料やヒアリング記録をもとに作成された参加型教材である。「5 つの家族」と題したロールプレイで当時の状況を追体験するこの教材は，アメリカの環境教育教材「ラブカナルの住民運動」に着想を得たものである。過去の公害をめぐる複雑な状況を 1 つのケースとして教材化した。

　この教材では，5 つのグループが 1960 年代の西淀川地域に暮らす異なる「家族」と見立てて議論を交わすロールプレイである。登場する 5 つの家族にはすべて実在のモデルが複数存在する。田舎から都会に仕事を求めて出てきた技術者，町工場の経営者，移住してきた自営業者，戦争への反省から社会問題への関心の高い教員，代々続く漁師，という設定になっている。「家族」ごとに異なる状況カードがあり，5〜6 年の時間の経過を経て 3 回ほど話し合う。時間の変化のなかで，子どもに健康被害が現れたり，稼ぎ手の

現在の西淀川地域のフィールドワークする学習者

父が公害によって健康が蝕まれるが解雇を恐れて公害病認定を忌避したり，公害反対運動に立ち上がる者や反感をもつ者などが現れる。おかれた状況や立場のちがいから，地域内では話し合いのなかで食い違いや摩擦が生まれる。西淀川公害裁判が提訴された 1978 年まで，3 回の話し合いを終えると，いったん演じていた役を降りて，「このまちで起きた問題について，解決のために必要なことは何か」を振り返り，さらに解決のために必要なことを話し合う。最後には，西淀川で 1991 年に一次の地裁判決が出たあと，「地域再生」を掲げ和解に至ったという顛末を共有して，私たちはこの経験から何を学ぶかを改めて問うという展開になっている。

公害の被害は生命・健康の破壊にとどまらず，ふるさとを失い，仕事を失い，生活が破壊され，地域社会の人間関係が破壊されるという広がりを有している。この教材ではそうした被害の広がりを「物語」として教材化し提示した。

また，冒頭で述べたように，西淀川公害反対運動は，公害被害者が学習を積み重ね，運動に立ち上がったが，裁判期間は約 20 年にわたり，運動の内容も社会状況に呼応するように変化していった。①住民が被害を認識できていない段階，②被害者が声をあげはじめる段階，③裁判を活用するなどして政策に働きかける段階，そして最後に④「地域再生」という提案を示し，広く世論を巻き込んで和解解決に至る段階，という変化がある。この教材を体験することで，学習者は市民が行動を起こして社会に変化をもたらした事例を学び，学習者自身がなんらかの課題に直面した際の選択肢を広げることができるといえる。

過去の「公害の経験から学ぶ」アプローチによって，現在進行形である福島原発事故に派生する問題を考えることができるということにもふれておきたい。2016 年 8 月 7 日の開発教育全国研究集会にて「5 つの家族」を実践した際に，福島の参加者から次のようなコメントがあった。

> 　実際に福島で起きていることと同じだった。福島は今でも，お金をもらっているのだから解決してるでしょと東京の人に言われる。(略) 地域で被害者同士がすごく分断されている。住民がつながるには，本当の〝敵〟はどこかわかるよう (略)，その家族の苦労や事情を認めつつ，それを否定せずにともにやらなければいけないのだと考えた。

これは，教材のなかで公害患者が「金目当てのニセ患者」ではないかといわれる状況から出された感想だが，補償金に係るこうした攻撃は，かつての公害被害者，現在の福島避難者，そして福祉の面では生活保護受給者へのバッシングに共通している。この背景には，「権利がはく奪」された状態にいる人を「取り残さない」ためには，補償や福祉の制度によって人権が守られるのは当然のことだとの認識が共有されていないという問題がある。本章のテーマである目標 3「すべての人に健康と福祉を」に教育として取り組む場合，すべての人々の健康的な生活を保障するためには，被害を受けた人が補償を受けることや，福祉制度を充実させることは，人権保障として当然であるということを学ぶことが不可欠だといえるだろう。

第3段階において，公害を地域特有の課題や自然環境の問題にとどまらせずに，社会の問題を考える1つの素材となりうるとことを示したことで，これからの公害をめぐる教育が新しい段階を迎えることを期待している。

公害の経験からSDGsを学ぶということは，さまざまな目標と絡めて学ぶことができる。SDGsの目標17として「パートナーシップで目標を達成しよう」が掲げられているが，パートナーシップの実現のために教育が果たす役割が大きいことを，あおぞら財団が取り組んだ事例を通して紹介してきた。この教育は当事者によるもの，地域のなかで行うもの，地域外で行うもの，次世代に向けてのものなど，さまざまな人々を対象とした教育が含まれている。公害の経験は，環境の時代の前段階として歴史的に扱われるだけでなく，現代的な課題として学ぶことがSDGsでは求められている。現に，あおぞら財団と中国の環境NGOとの交流のなかで，日本の公害経験から中国のNGOはパートナーシップの心得を学び，企業と市民が同じテーブルで話し合う円卓会議の開催を実現させている。

SDGsでは意思決定の参加権が人権として認められている。「私たち抜きで私たちのことを決めるな！」(Nothing about US without US)ということであるが，その事例として公害被害者の運動が存在する。公害経験を被害だけに矮小化せずに，権利ベースのアプローチの実例として公害を学ぶ可能性があることを，SDGsはさし示しているのだろう。

参考文献

小田康徳 (2008)『公害・環境問題史を学ぶ人のために』世界思想社

宮本憲一 (2014)『戦後日本公害論』岩波書店

除本理史・林美帆編著 (2013)『西淀川公害の40年―維持可能な環境都市をめざして』ミネルヴァ書房

宗田好史他4名 (2000)『都市に自然をとりもどす―市民参加ですすめる環境再生のまちづくり』学芸出版

長谷川公一 (2003)『環境運動と新しい公共―環境社会学のパースペクティブ』有斐閣

角田尚子・ERIC国際理解教育センター (1999)『環境教育指導者育成マニュアル』ERIC国際理解教育センター

第4章
ジェンダー平等を実現しよう
ジェンダー平等を達成し，すべての女性及び女児の能力強化を行う

　女性のエンパワーメントとは，外部から力を与えられる慈善的なものでもなく，またほかの人を支配する権力を獲得することでもない。エンパワーメントとは多義的な語であるが，教育の領域では「力をつけること」「力を取り戻すこと」として理解されてきた。エンパワーメントとは，社会的に弱い立場におかれていた人々が力をつけることではあるが，その人たちはもともと能力の低い人たちなのではなく，社会的環境のなかで無力化されてきたのであり，個人や集団が力を取り戻していくこと，能力を発揮できるように個人や集団が社会を変えていくことを意味している。すべての女性が人生を切り開く力と権限を獲得し，女だからという理由だけで理不尽に押しつけられてきた役割を拒否し，自分自身で自分の人生を決める自己決定権を手にすること，そして，男女が性別にかかわらず同じ地位，役割，権利，尊厳を享受するジェンダー平等の実現が目標5のめざすところである。

　しかし現状では，多くの少女や女性たちが理不尽な暴力や不平等におかれたままになっている。男子に比べて教育の機会が奪われてきた女子も多い。その現状は日本でも同様である。ジェンダー平等の国際的な指標である「ジェンダーギャップ指数」のランキングにおいて，日本はとくに政治と経済の分野で低い状態が続いている。政治経済分野でのリーダーが男性に偏り，社会の仕組みをつくる役割が男性中心であると，結果として男女に異なる影響が生まれジェンダーギャップが埋まらない。家庭での家事労働の分担，コミュニティや学校での役割分担など，さまざまな場面でジェンダー間の不平等が存在する。

　教育は，目標5を達成するために大きな役割を果たす。少女たちが学校へ行き教育を受けることで得られるものは，教養や技能だけではない。家庭のなかだけでは得られない同級生たちとの出会いや年上の女性たちとの出会いがあり，

それらは職業選択や人生選択のよきロールモデルとなる。また，少女たちにとって学校に通っている間は，望まない労働や結婚・出産が猶予される「守られた時間」でもある。SDGs の前身であるミレニアム開発目標（MDGs）では，初等中等教育における男女の格差解消を掲げ，初等教育における就学率のジェンダー格差は減少した。しかしながら，中等教育や高等教育をみれば，多くの国でジェンダー格差が残っている。

　ジェンダーギャップによる生きづらさを感じているのは女性だけではない。日本人男性の自己肯定感や幸福度は世界的にみても非常に低い。その背景には若年層の低賃金・非正規雇用が常態化しているにもかかわらず「男だから家族を養うべき」という性別役割分担の意識が根強いことも要因の1つと考えられる。ジェンダーの固定観念は，個人の選択や生き方を性別によって制限してしまうため，ジェンダー平等の実現は，すべての人により多くの選択肢をひらく暮らしやすい社会の実現とつながっている。また，世界的な合意がむずかしくSDGs には直接盛り込まれていないが，LGBT の人々の権利実現も課題である。日本でも，公的書類の性別が削除されたり制服の多様化や同性婚に相当するパートナーシップ条例を認める自治体が増えるなどの変化が起きている。しかしいずれも限定的であり，これらの問題についても積極的な取り組みが求められる。（編者）

目標5．ジェンダー平等を達成し，すべての女性及び女児の能力強化を行う

5.1　あらゆる場所におけるすべての女性及び女児に対するあらゆる形態の差別を撤廃する。
5.2　人身売買や性的，その他の種類の搾取など，すべての女性及び女児に対する，公共・私的空間におけるあらゆる形態の暴力を排除する。
5.3　未成年者の結婚，早期結婚，強制結婚及び女性器切除など，あらゆる有害な慣行を撤廃する。
5.4　公共のサービス，インフラ及び社会保障政策の提供，ならびに各国の状況に応じた世帯・家族内における責任分担を通じて，無報酬の育児・介護や家事労働を認識・評価する。
5.5　政治，経済，公共分野でのあらゆるレベルの意思決定において，完全かつ効果的な女性の参画及び平等なリーダーシップの機会を確保する。
5.6　国際人口・開発会議（ICPD）の行動計画及び北京行動綱領，ならびにこれらの検証会議の成果文書に従い，性と生殖に関する健康及び権利への普遍的アクセスを確保する。

　SDGsの全分野のターゲットを達成するために最も重視されているのが人権である。「誰一人取り残さないことを誓う」という言葉に象徴されるように，一人ひとりの能力と可能性が発揮でき，一人ひとりの持続可能な社会のための貢献が評価されることが求められている。とりわけ「誰一人取り残さない」社会をつくるためには人口の半分を占める女性の参加・参画は不可欠である。いうまでもなく，ジェンダー平等は基本的人権であり，持続可能な社会に必要な基盤である。SDGsの前文にはジェンダー平等および女性と女子のエンパワーメントが最重点課題であるとして，次のように記されている。

> 　ジェンダー平等の実現と女性・少女の（エンパワーメント）能力強化は，すべての目標とターゲットにおける進展において死活的に重要な貢献をするものである。人類の潜在能力の開花と持続可能な開発の達成は，人類の半数に上る（女性）の権利と機会が否定されている間は達成することができない。女性と少女は，質の高い教育，経済的資源への公平なアクセス，また，あらゆるレベルでの政治参加，雇用，リーダーシップ，意思決定において男性と同等の機会を享受するべきである。我々はジェンダー・ギャップを縮めるための投資を顕著に増加するために努力するとともに国，地域及びグローバルの各レベルにおいてジェンダー平等と女性の能力強化を推進する組織への支援を強化する。女性と少女に対するあらゆる形態の暴力は男性及び男子の参加も得てこれを廃絶していく。新たなアジェンダの実施において，ジェンダーの視点をシステマティックに主流化していくことは不可欠である。
>
> （出所：パラグラフ20）

　ジェンダー平等はSDGsのすべての目標にかかわるものであるが，SDGsの策定過程において，ジェンダー課題を独立した目標にするか，あるいはすべての分野にジェンダー課題を入れるのかで議論がなされた。前者の場合は，ジェンダーや女性の課題を担当する部局だけの話になってしまう危うさを，後者の場合はジェンダー課題がそれぞれの分野にとって重要であるという認識がないと，ほかの課題に埋もれてしまう危険性があった。最終的にはUN Womenの強い提言により，独立した目標5が設定された。それはミレニアム開発目標（MDGs）で解決することができなかったジェンダー平等を達成するためには，

ジェンダー課題の見える化を進展させることが，結果としてほかの目標の解決を早めることにつながるという考え方からである。

そして目標5には，ほかの目標にはない特徴がある。ほかの目標とターゲットでは達成期限が2030年までと設定されているが，その表記がないことである。つまり目標5は，2030年までに達成すればよいといった悠長なものではなく，いますぐに解決しなくてはならない課題ばかりだからである。世界の人口の半分を占める女性のエンパワーメントをはかるために，ジェンダー格差の縮小が今すぐ必要なのである。

本章では，はじめに，SDGsに至るまでのジェンダー平等に関する国際的会議や議論の流れを紹介する。つぎに，目標5にかかわる基本用語，概念とターゲットの現状，および目標5のターゲット達成と教育の役割について述べる。最後に，日本における目標5にかかわる取り組みをみて，現状と課題を示す。

2 ジェンダー平等の国際的流れ—目標5のルーツを探る

ジェンダー平等をめざした女性たちのエンパワーメントの挑戦に対して，国際社会はどのような取り組みを行ってきたのか。SDGsにジェンダー主流化が基本原則として位置づけられることになった経緯を，主に国連の動きを中心に説明する。

ジェンダー平等は，すべての女性，男性，女児，男児が，人権を確保するための前提条件であるが，すでに述べたように目標5では，女性と女子がかかえている課題が包括的に取り上げられている。女性と女子のエンパワーメントを強調せざるをえない背景には，依然として男女間には大きな格差があるからである。この事実を数値的に証明する代表的なものとして，2006年から公表されている世界経済フォーラム（World Economic Forum）のレポート Global Gender Gap Report（『世界男女格差レポート』）のなかのジェンダー・ギャップ指数（Gender Gap Index：GGI）がある。

この指数は各国の男女格差を示すもので，経済，教育，健康，政治の4つの分野のデータから作成される。0が完全不平等，1が完全平等を意味しているが，

2018 年度第 1 位のアイスランドでも総合評価は男性 1 に対して女性は 0.858。つまり，男女平等が完全に達成された国は世界中どこにも存在しないのである。

(1) 国連「女性の地位委員会」の役割

目標 5 のルーツを国連の動きからたどってみると，アメリカのエレノア・ルーズベルトらが女性の国連への参加の必要性をアピールした 1946 年の第 1 回国際連合の総会にさかのぼることができる。同年，「国連女性の地位委員会」(Commission on the Status of Women：CSW；以下，女性の地位委員会) が設立された。女性の地位委員会は国連経済社会理事会 (ECOSOC) の委員会の 1 つで，グローバルな政策を決定する機関として，ジェンダー平等と女性の地位向上に取り組んでいる。加盟国代表や国連関係機関，NGO などの関係者が毎年ニューヨークの国連本部に集まり，女性の地位委員会年次会合を開催しており，2019 年 3 月には第 63 回の会合が開かれた。

女性の地位委員会は設立直後から，政治，経済，市民，社会および教育分野における女性の権利を促進する提言を行っている。具体的な活動の成果として，第 1 に「女性の参政権に関する条約」(1952 年第 7 回国連総会で採択) がある。当時は国連加盟国でも女性参政権がない国が存在し，公職に女性が就くことを認めていない国も存在した。ターゲット 5.5「政治，経済，公共分野でのあらゆるレベルの意思決定において，完全かつ効果的な女性の参画及び平等なリーダーシップの機会を確保する」のルーツがここにある。

第 2 に「既婚女性の国籍に関する条約」(1957 年，第 11 回国連総会で採択) がある。第 3 に「婚姻の同意，婚姻の最低年齢および婚姻の登録に関する条約」(1962 年第 17 回国連総会で採択) があり，この条約はターゲット 5.3「未成年の結婚，早期結婚，強制結婚及び女性器切除など，あらゆる有害な慣行を撤廃する」のルーツである。

(2) 世界女性の憲法—女性差別撤廃条約

人権に関する国連の法典には「世界人権宣言」(1948 年第 3 回国連総会で採択)

や「国際人権規約」（第21回国連総会で採択）があり，女性差別を禁止する努力を行ってきた。それでもなお，女性に対する差別が世界中のあらゆるところ，分野に存在していたことから，女性の地位委員会は女性問題を包括的に規定した「女性差別撤廃宣言」（1967年第22回国連総会で採択）を作成し（赤松良子監修，1999年），女性の人権に関する最も重要で，「世界の女性の憲法」と称される国際条約として，1979年の第34回国連総会で「女性差別撤廃条約」が採択された。

　これは女性にかかわる問題を包括的に規定した文書として，あらゆる差別を撤廃するための国際基準を示したものである。

　女性差別撤廃条約の特徴は，女性の排除や制限だけでなく，区別が女性の権利の侵害になるのであれば差別になると定義している点にある。法的な排除だけでなく，慣習や慣行に基づく排除や制限，差別，区別も含まれる。差別されている状況を解消するための特別処置（ポジティブ・アクション）を認めており，たとえば雇用や教育，政治の分野で男女格差をなくすために比率を設定する（クオータ制）などがこれにあたる。

　女性差別撤廃条約は男女の固定的役割を否定し，「男は仕事，女は家庭」のように性別によって役割を決めるのではなく，男女共に責任を担うこと，男女が「男らしさ，女らしさ」にとらわれずに男女共に自分の個性に応じてのびやかに「自分らしい」人生を生きることが目標として定められたことに大きな意義があった。日本の現状についてはあとで述べるが，女性差別撤廃条約は日本にも大きな影響を与えた。

(3) 世界女性会議の開催

　女性の地位委員会は1975年を「国際女性年」と定め，メキシコで第1回世界女性会議を開催した。重要目標は，①完全な男女平等と男女間差別の廃絶，②開発への女性の統合と完全な参加，③世界平和の強化に対する女性の貢献の増大の3つであった。そして1976〜1985年までを女性の地位向上を進めるためのキャンペーン「国連女性の10年」とした。このとき達成すべき最低限の目標としてあげられていたものは，教育，雇用機会，政治参加，保健サービス，

住宅，栄養および家族計画などの資源に対する女性の平等なアクセスの確保である。達成すべき最低限の目標は，目標5に引き継がれている。

その後，世界女性会議は「開発・平和・平等」をスローガンに，1980年にコペンハーゲン，1985年にナイロビ，1995年に北京と4回開催され，2000年には国連「2000年女性会議」が開かれた。世界女性会議では，政府代表会議と並行して，NGOフォーラムが開催され，政府代表会議に大きな影響を与えた。一連の会議を通して，日常的なレイプ，夫婦間の暴力，紛争下における性暴力，女性器切除，強制的な早期結婚などの伝統や慣習・慣行の名の下で行われてきた女性の人権にかかわるさまざまな問題が話し合われ，「女性の権利は人権である」が合言葉となった。その思いは「女性に対する暴力の撤廃に関する宣言」(1993年第48回国連総会)の採択として形となった。

また1992年の「国連環境開発会議」(リオデジャネイロ)で採択されたアジェンダ21第24章に，持続可能な開発に果たす女性の役割と責任が明記された。これにより，人口・開発・環境の3つの課題を併せもつ持続可能な開発の達成にはジェンダー平等と女性のエンパワーメントの実現なくして成しえないことが世界的な合意となった。

さらに1994年の「国際人口開発会議」(カイロ)では，世界の人口問題を解決するためには，「女性に子どもを産む，産まない，いつ何人産むかについて自己決定する権利」を保障することの重要性が示され，「リプロダクティブ・ヘルス／ライツ (性と生殖に関する健康と権利)」の考え方が確立した。これは，ターゲット5.3，5.6のルーツである。

3 目標5を理解するために

つぎに目標5を理解するために，基本的用語と概念について説明するとともに，ターゲットに位置づけられている項目の現状について述べる。

(1) 目標5の基本的用語と概念

①ジェンダー

ジェンダー（Gender）とは，男（Male），女（Female）という生物学的・身体的な性別概念であるセックス（SEX）および性的指向を示すセクシュアリティ（Sexuality）と対比して用いられ，社会的・文化的に形成される性別概念をいう。具体的には，「男は仕事」「女は家事・育児」といった固定的な性別役割分業や，「男は強くたくましく」，「女はかわいく，おとなしく」といった性によって「らしさ」の決めつけなどがある。このような社会的・文化的な性別概念としての「ジェンダー」が必要となったのは，社会が政治・経済・法制度，宗教，芸術，日常生活に存在する慣習・慣行まで，いたるところで人間を「男」「女」に分け，「男」の「女」に対する優位性を前提としていることによる。この優位性が，とりわけ女性自身の個人の生き方や行動を制限したり，社会的慣習や社会制度上の待遇や位置づけが異なる「格差」，すなわち不平等を生み出したりしている。たとえば慣習として女性の役割とされている家事や育児・介護などは無報酬で評価も低いこと，同じ仕事をしていても男性よりも女性の賃金が少なく，昇進の機会がなかったり，遅くなったりすること，女性よりも男性により多くの経済的利益や権威が配分されるなど，ジェンダーが男女間の不平等を維持・拡大させる。ここから差別のもとにある社会的・文化的に形成された「男」と「女」の格差の改善を求める「ジェンダー平等」という用語が生まれた。

ジェンダー平等とは，「性差」（男と女の生物学的違い）をなくすことではなく，「多様な人々の間に存在する権利や恩恵の享受の度合いの不当な格差を解消すること」であり，「性による差別がない状態」である（原ひろ子，2005：3）。そして男女格差を「女性の問題」ととらえるかぎり，男女間の「不平等」という根本的な問題は解決できないとして「女性」ではなく，「ジェンダー」が用いられるようになった。そして「女性の人権」を基礎とした女性のエンパワーメントを達成するための手段が「ジェンダー主流化」である。

②ジェンダー主流化

「女性」から「ジェンダー」への変化，ジェンダー平等と女性のエンパワー

メントを達成するための手段としての「ジェンダー主流化」という新たなアプローチを生み出すきっかけとなったのは第4回世界女性会議（通称「北京女性会議」）である。その後，ジェンダー主流化が国連で正式に位置づけられたのは，1997年の国連経済社会理事会（ECOSOC）であり，ジェンダー主流化は次のように定義づけられている。

> すべての開発政策や施策，事業は男女それぞれに異なる影響を及ぼすという前提に立ち，すべての開発政策，施策，事業の計画・実施・モニタリング・評価のあらゆる段階で，男女それぞれの開発課題やニーズ，インパクトを明確にしていくプロセスです。（中略）ジェンダー主流化のプロセスでは，女性と男性が平等に開発に参画し，かつ便益を受け，不平等が永続しないよう考慮しながら政治・経済・事業を策定し，その実施状況をモニタリング・評価することが強く求められています。　　　　　　（出所：外務省経済協力課『ODAにおけるジェンダー主流化』）

　いうまでもなく，ジェンダー主流化の究極の目的はジェンダー平等の達成である。これを受けて，国連開発計画（UNDP）はジェンダー平等を達成するために，主に開発途上国の貧困削減，環境，紛争予防，復興といった幅広い分野のジェンダー主流化を推進している。「主流化」とは「『誰が何を得るか』，つまり，予算や人材や知見などのあらゆる『資源の分配の仕方』を方向づける力を持つ考え方・プロセス』で，具体的には，性別，年齢など属性別に統計をとるジェンダー統計，対象地域の性別役割分担，土地，現金などの資源へのアクセスの男女格差を分析するジェンダー分析，それにもとづいてジェンダー格差が生じやすい教育，労働，環境，災害などの分野の政策に女性のニーズが十分反映するジェンダー予算の配分など，ジェンダー平等を実現するための取組みが『ジェンダー主流化』である」（大崎麻子「『共同参画』ジェンダー主流化の20年（3）」内閣府男女共同参画局 2018：14）。

　③エンパワーメント
　エンパワーメントの考え方は，1980年の中頃に開発途上国の女性たちから提起されたものである。国連アジア太平洋地域経済社会委員会（ESCAP）はエンパワーメントを次のように定義している。

> 女性の地位向上という観点からエンパワーメント〈力をつける〉を定義すれば，エンパワーメントとは，女性の自己認識と共に，社会が女性にもつ認識，さらに，女性の役割と機能の決められ方を変えることによって，ジェンダー関係に影響を与えようとする，その過程である。エンパワーすることは，女性が，集団で女性の関心事を決め，すべての分野で機会が平等に開かれており（アクセス確保），自立と自身の生活への統御（コントロール）を得ることにつながるだろう。それは，女性の地位についての，また女性についての考え方での男女の態度を変えるように，連帯して行動するネットワーク活動を推進することにもつながるだろう。

女性と女子のエンパワーメントは開発を推進し，貧困を減らすために不可欠な手段となるが，大事なポイントは，①自助・自立を通して女性たちが力をつけ，女性たちのおかれた状況およびその状況をつくりだしている社会のあり方に目を向け，変革しようという意識を引き出すこと，②女性たち自身が「変革の主体」となって，女性に差別的な制度や社会システムを変えていく開発プロセスに参画することにある。目標5であらゆる段階での女性の方針・政策決定過程への参画が強調されるのはこのためである。

(2) ターゲットに位置づけられている重要なキーワード

①人身売買

人身売買（人身取引）とは，弱い立場にある人々を搾取する目的で，強制的な暴力，脅迫などの手段や，誘拐，詐欺行為を用いて人を売買したり，労働を強いたり，奴隷化したりすることである。売春などの性的搾取と強制労働が人身売買の目的として最も多いが，偽装結婚，強制結婚，ポルノ制作，臓器売買なども含まれる。国連薬物犯罪事務所（UNODC）のデータによれば人身売買の被害者は男性や男子も含まれるが，その多くは女性（成人女性および女子）で，70％を占めている。被害者となる人々の特徴として，戦争・紛争や迫害から逃れてきた人が多いことがわかっている。とりわけ紛争は人身売買が起こる状況をつくりやすいといわれている。目標16と密接につながる。

②早期結婚（児童婚）

18 歳未満での結婚を早期結婚や児童婚と定義されていて，当事者の片方，双方どちらの場合も該当するが，女子が早期結婚，児童婚の対象となることがほとんどである。国連児童基金（UNCEF）の報告によると，約 7 億 5000 万人の女性と女子が 18 歳未満，3 人に 1 人（約 2 億 5000 万人）が 15 歳未満で結婚しているという。地域的にはサハラ以南のアフリカと南アジアが多い。

早期結婚（児童婚）がかかえる問題はさまざまあるが，とりわけ結婚により学校を中退するなどして，教育を受ける機会が奪われることによる経済的貧困化のリスクや，成長段階の女子への健康上の悪影響，たとえば妊娠・出産による妊産婦死亡のリスクなどが報告されている。早期結婚（児童婚）は借金の清算，金銭授受，娘の交換などといった伝統，文化，慣習に根差しているため解決がむずかしい課題の 1 つとされている。

③女性器切除

女性器切除（female genital mutilation：FGM）とは，女性の性器の一部を切除する慣習で，アフリカ，中東，アジアの一部の 30 カ国で，約 2000 年前から続いているといわれている。男子の割礼は赤ちゃんのうちに衛生面から包皮を少しだけ切る慣習であるが，女子のそれは性器の一部をナイフや石，カミソリなどで切除したり，縫合したりする。長い間女子割礼といわれてきたが，男子の「割礼」と比較できないほど残酷な風習であることから，次第に女性「性器切除」といわれるようになった。FGM は幼児期（2 歳ごろ）から 15 歳ごろまでの女性が対象で，大人の女性になるための通過儀礼・結婚の条件とされていて，女性が性欲をもたないようにする，つまり「性に関する自己決定」をさせないことが主な理由としてあげられている。

不衛生な場所で，しかも麻酔なしで，押さえつけられ，泣き叫ぶなかで行われることが多く，出血多量と激痛によるショックで死亡したり，切除後に感染症にかかったりする。後遺症などの健康面の被害，心の傷として長期的な影響を及ぼす，非常に有害な慣習である。FGM は「伝統ではなく，拷問である」といわれているように女子と女性の人権侵害であることから，国連をはじめ，

さまざまな国際的組織から批判され，女性器切除を禁止する国もでてきている。

④性と生殖に関する健康と権利（リプロダクティブ・ヘルス／ライツ）

「性と生殖に関する健康と権利（リプロダクティブ・ヘルス／ライツ）」が人口・家族計画に関する新しい考え方として提唱されたのは，1994年にカイロで開催された国際人口開発会議（ICPD）・カイロ会議の「行動計画」である。人口・家族計画のとらえ方が人口問題を解決するための人口増加を抑制する手段としてではなく，「生殖の自己決定権（安全で満ち足りた性生活を営むことができ，生殖能力を持ち，子どもを産むか産まないか，いつ産むか，何人産むかを決める自由を自己選択できる権利）」が強調され，性意識と性行動の選択権，とくに女性の意思決定を尊重する考え方に大きく転換した。幅広い考え方で，子どもにとっての最適な養育ができること，ジェンダーに基づく暴力，避妊・不妊手術，児童婚，強制婚，FGMなどの有害な行為によって心身を傷つけられないこと，誰もが必要な健康に関するサービスを受けられることなどが含まれる。

リプロダクティブ・ライツは個人の意思が尊重され，自分の身体に関することを自分で決定できる権利のことで，まさに基本的人権である。しかし，たとえば国家による人口調整政策が実施される場合，人口調整の矛先は「産む性」である女性の身体に向かうことが多い。しかも「人間としての女性」ではなく，あくまでも「家族計画」「人口調整」の対象として，人口調整のために強い副作用が報告されている避妊薬を投与されたり，強制的な避妊・不妊手術が行われたりする。また将来の人口増につながらないように女児の胎児を中絶することも行われている。このように人口政策の名のもとに，女性の身体が管理の対象となり，命や健康が脅かされることが多く，明らかにジェンダー不平等が存在している。このような問題をなくすためにも必要なのが，性差別を撤廃するための女性のエンパワーメントとリプロダクティブ教育であるといわれている。

4 ジェンダー平等促進における教育の重要性—EFAからSDGsへ

「女の子の教育以上に効果的な開発手段は存在しない」。これはコフィ・A・アナン国連事務総長（1997〜2006年）の有名な言葉である。また，パキスタン

人のマララ・ユスフザイさんは史上最年少17歳で受賞したノーベル平和賞の受賞式において，「子どもが教育を受けられない最後の時代に」と題した受賞スピーチの冒頭で「私の翼を折らず，飛び立たせてくれた父に感謝します」と述べ，「女の子にも教育を受ける権利を」と訴えた（2014年12月10日）。そして，マララさんの父，ジアウディさんは「人口の半分を占める女性たちの力を信じていないのなら，その国は片方の翼で飛んでいるようなものです。でも，鳥はひとつの翼では飛べない。ふたつの翼が必要なのです」と語っている。

　マララさん親子が主張する質の高い教育をすべての女子が受けられる社会の実現は，目標4「すべての人々への，包摂的かつ公正な質の高い教育を提供し，生涯学習の機会を促進する（質の高い教育）」にあげられているが，目標4と目標5はコインの裏表のような関係にある。つまり，教育機会へのアクセスの男女格差の解消をめざす「教育におけるジェンダー平等」と固定的役割分業や伝統，文化，慣習の名のもとに行われているさまざまな女性や女の子への差別をなくし，エンパワーメントを実現するための「教育を通じたジェンダー平等」はSDGsのすべての目標を達成するための鍵となる。

(1) ジェンダー平等教育の2つの顔

　女子教育の推進は，1990年代に開催された一連の国際会議において，基礎教育の完全普及「万人のための教育」（EFA：Education for All）の実現と，貧困，環境問題，健康・保健・医療問題など，あらゆる開発課題の解決のために最も重要なことと認識されている。そして教育における男女格差を解消するための厚く，高い壁をとりはらうために，ジェンダーと教育の連携を促すための国際的な取り組みが行われてきた。教育とジェンダーとは，①アクセスの男女格差を中心とする「教育におけるジェンダー平等教育」と，②あらゆる人にとって公平な社会を構築するため，人々の意識を変革する「手段としてのジェンダー平等教育」の2つの側面がある。教育におけるジェンダー平等とは初等，中等，高等学校や大学教育からの女性・女子の排除をなくすなど，教育機会へのアクセスの平等を意味する。教育を受ける機会の男女格差は就業機会の減少や環境

や衛生に関する情報が得られないなど，さまざまな不利益を引き起こすことがわかっている。たとえば識字教育は乳幼児死亡率や少産，自分の生き方の選択，自己決定権の確保などに必要不可欠である。

　また，手段としてのジェンダー平等教育とは，女性・女子にも男性・男子と同等の人権と権利があることを男女共に学ぶ，教育を通じたジェンダー平等の確立である。その際，学校教育において問題とされているものに「かくれたカリキュラム」や無意識に男女の役割に対する固定的な価値観を与える「無意識の偏見（アンコンシャス・バイアス）」がある。「かくれたカリキュラム」とは，たとえば点呼の際に使われる男が先，女が後という名簿，教科書のなかに描かれている性差別的な表現や，固定的な女性像や男性像などをさし，社会のあるべき姿として子どもに刷り込まれ，意識や行動が固定化されることが指摘されている。

　「無意識の偏見」は，教員個人がもつ固定的な性別役割意識が子どもたちの未来の可能性に影響を与えることをいう。たとえば，女子は理数系が弱いという根拠なき理由により文科系への進路指導が行われるために，女子の理系への進路の低下が起こる。ターゲット 5.b にあるように，ICT などの科学・技術へのアクセスを阻み，学業やキャリアの選択に影響を与えたりすることが指摘されている。経済のグローバル化に伴い，世界は技術革新が進み，ICT，AI など高度な技術を身につけることが就労する際に有利になることから，STEM（科学，技術，工学，数学）分野における女子教育の重要性がいわれている。つまり高度技術教育へのアクセスが男女不平等だと，男女間の所得格差が広がることにつながる。「かくれたカリキュラム」や「無意識の偏見」は古くて新しい。これらの解消が SDGs においても大きな課題である。

(2) 目標 5 とジェンダー平等教育

　国連「女性 2000 年会議」の成果文書には，女性の教育に対する完全で，平等なアクセスを確保することが女性のエンパワーメントにとっての土台として位置づけられた。そして MDGs では，目標 3「ジェンダー平等推進と女性の

地位向上」「2005年までに初等・中等教育において，2015年までにすべての教育レベルで，男女格差を解消する」があげられた。MDGs目標3については，2015年時点において最貧国における就学率は改善され，開発途上国の3分の2以上で初等教育の就学率における男女格差は解消されたと報告された。しかしながら，ユニセフの報告によれば，2000年の段階では約1億人の子どもが小学校に通学しておらず，その3分の2が女子であった。2016年では，約6300万人が通っていないという。

　教育を女子が受けたり，終了することができなかったりする主な理由として，貧困のため教育に係る費用が出せないなどの経済的な問題のほかに次のような理由があげられている。①女子には家庭内において家事や農作業に従事することが多い，②伝統的慣習により早期に結婚させられる児童婚，③女子が教育を受けることに対する否定的な考え方が根強いなどの社会的，文化的要因，④女性教員の不足，⑤法整備の不備などが，男女格差を解消する大きな壁となっている。

　また，中等教育を受けられない理由としては，自宅近くに中学校がないことや，近くにあったとしても学校に専用の女子トイレがないことなど，通学路や学校内でレイプ被害にあうこと，男子生徒や教員によるセクシャルハラスメントなど複数の阻害要因があり，女子をとりまく危険な環境が教育の機会を奪う大きな問題として指摘されている。

　すでに述べたように，学校に通えない女の子たちは，文字を読める割合が低く，結果として経済機会を奪われ，収入を得る手立てを失い貧困化するリスクが男子よりも高まる。経済的な貧困化は女性や女子に結果として，①女性が売春などの性的搾取や人身売買の対象となりやすい，②知識や情報を得られないためにHIVなどの感染症にかかりやすい，③児童婚・早期結婚や強制結婚をさせられやすくなる。いっぽう，女子教育の推進は女子にかかわるさまざまな権利の侵害の解消と防止につながることがわかっている。

　世界銀行の調査によると，中等教育を1年受けるごとに，女の子の将来の収入力は18％上昇することが明らかにされている。それだけでなく，自分自身

や家族，地域社会の生活水準の向上にもつながるという。そのほかにも中等教育を受けることによって，児童婚が減少し，出産年齢の上昇，妊産婦・乳児死亡率，出生率，エイズ感染率の低下がみられる。教育を受けた期間が12年以上の女性は妊娠・出産で死亡する可能性が教育を受けた期間が6年未満の女性よりも低いという報告もある。

　また，教育を受けた母親は子どもに教育を受けさせようとする意識が高く，栄養や病気にかかわる知識もあるので，子どもの教育や健康に影響を与えるという。そして，家庭内の地位も教育を受けている場合はそうでない女性よりも高く，発言力も増すなど，女性の地位・意思決定権の向上にも教育と強いかかわりがあるといわれている。このことからも目標5のターゲットを達成するために最も重要なものは「ジェンダー平等教育」であることは明らかである。

5　目標5と日本の現状と課題

(1) 平等発展途上にある日本

　最後に日本におけるジェンダー平等の現状と課題についてふれる。本章2で紹介した「世界経済フォーラム」のジェンダー・ギャップ指数の日本の順位は，総合スコアは0.662で順位は149カ国中110位である。過去最低順位だった2017年（114位）より上がったとはいえ，G7（フランス，アメリカ，イギリス，ドイツ，日本，イタリア，カナダの7つの先進国）で最下位であり，「日本は依然として相対的に，男女平等が進んでいない経済圏の1つ」という厳しい評価となっている。

　教育分野（65位）のスコアは比較的高く，男女格差の少ない分野と考えられている。ところが大学への進学率の男女差や理系，医学系への進学率が低いなど，専攻分野の偏りがあり，「かくれた性差別」といわれる男女格差がまだまだ根強く存在している。たしかに，制度的には教育の機会は男女平等になっている。しかし，必ずしも「結果の平等」に結びついていないことが2017年に東京医科大学医学部を端緒とした複数の医大における女子や長期浪人生を実質減点する得点操作で不正が発覚した女子学生差別問題で明らかにされた。文部

科学省の調査によれば，医学系大学の女子の入りにくさは男子の 1.2 倍にあたるという。教育現場ばかりではない。男女雇用機会均等法が募集・採用の性差別を禁止しているにもかかわらず，採用結果をみれば男子採用に偏る傾向がある。男女の賃金格差，世界平均を大幅に下回る管理職の男女比や国会議員，官僚の男女比などの政治参画における女性の数の少なさが，経済分野 (117 位)，政治分野 (125 位) のスコアの低さとなり，日本の順位を下げる要因となっている。日本は女性が活躍できる場や機会という点においても平等ではなく，世界的にみて，いまだに「平等発展途上国」なのである。

　とはいえ，これまで日本もジェンダー平等の実現に向けて，「女性差別撤廃条約」批准のために施行した「国籍法の改正」「男女雇用機会均等法」「高校家庭科の男女共修」をはじめとして，「育児休業法」(1995 年)，セクシャル・ハラスメント防止義務を課した「改正男女雇用機会均等法」(1997 年)，「児童買春・児童ポルノ禁止法」(1999 年)，「配偶者からの暴力の防止及び被害者の保護に関する法律」(2001 年)，そして「政治分野における男女共同参画の推進に関する法律 (2018 年) など，さまざまな法律の制定，取り組みを行ってきた。とりわけ 1999 年に制定された男女共同参画社会基本法は，男女共同参画社会を実現させるための取り組みを法的に基礎づけたものとして重要である。基本法では男女共同参画の実現を日本の最重要課題と位置づけている。

(2) ジェンダー平等教育の重要性

　根強い性別役割分業意識を取り除くことが，「ジェンダー平等教育」の重要な側面である。ところが，高等学校における家庭科は，1960 年代に「女子にはその特性上，家庭科教育が必要である」という当時の文部省の方針で女子のみ必修とされ，男女を区別する教育を行っていた。日本の家庭科教育は女性差別撤廃条約が求めている，養育や家事は男女の共同責任という考え方や，「同一の教育課程」に反していたため，1989 年に学習指導要領が改訂され，1994年から家庭科男女共修が始まった。

　「女性活躍加速のための重点方針 2018」(平成 30 年 6 月 12 日すべての女性が輝

く社会づくり本部決定）では，学校などに対して，「一人ひとりの生き方，能力，適性を考え，固定的な性別役割分業観にとらわれずに，主体的な進路や職業を選択できる能力，態度を身に付けるような指導を行うように促すとともに，その選択に資するよう必要な情報の提供を促進し，さらにそれらを実現させる教材などの基盤整備を充実させる必要がある」との指摘がなされている。加えて，「無意識の偏見」に対し，とくに学校現場において，子どもたちが固定的な性別役割分担意識にとらわれずに職業や人生を考えられるようにするための，指導的立場にある教員の「無意識の偏見」を意識し，気づくための教材や研修プログラム開発の必要性も指摘されている。

　しかしながら，国立女性教育会館が 2018 年に実施した調査「学校教員のキャリアと生活に関する調査」（2018 年 1 月 16 日〜2 月 23 日実施）において，子どもが未就学から小学生の時期の家庭生活における役割については，女性教員の負担が大きいことが明らかになった。しかも，職位別にみても，どの職位においても女性が家事・育児などの負担を負っている。管理職の場合，「ほとんど担っていない」という回答が男性は女性よりも 10 ポイントも高い。また，「理数系の教科は男子児童生徒の方が，能力が高いと思う」（22.8％）と回答した教員は女性のほうが男性よりも高く，驚いたことに若い教員ほど高い傾向があることがわかった。調査から「かくれたカリキュラム」や「無意識の偏見」を取り除く主体となる教員へのジェンダー教育の必要性が改めて浮き彫りになった。

　「学校に男女共同参画の景色をつくろう」と村松泰子（東京学芸大学前学長／公益財団法人日本女性学習財団理事長）は，次のように述べている。

> 　日常的な景色で，女性が，男性がどのような姿を見せているのかは，ことほど多様？に子どもが社会のありかたをどのように認識し，自分の未来にどのような可能性があると考えるかに影響している。では，子どもが日々過ごしている学校はどのような景色を提供しているだろうか。（中略）学校教育の力は大きい。以前から学校生活が，ほんとうに男女平等であったなら，今日の日本社会全体がもっと男女平等で，男女共同参画が進んでいたのではないだろうか。（中略）学校は，男女平等について教育することも大事だが，まず男女平等に教育することが必要なことを，多くの先生にわかってほしい。学校でこそ男女共同参画の進んだ景色

> を，子どもたちに見せてほしいものだ。
>
> （出所：国立女性教育会館，機関紙コラム，2018 年 2 月）

2019 年 3 月に行われた第 63 回国連「女性の地位委員会」は優先テーマ「ジェンダー平等と女性のエンパワーメント」をもとに，目標 5 の実現に向けた議論が政府間会議および NGO 会議で行われた。

NGO 会議では「解決策は『教育』というほど単純ではない」という発言があったという。とはいえ，教育は男女が自立した人間として生きていく力を身につけるために重要な役割を果たす。とりわけ女子教育の推進は貧困，環境問題，保健・医療問題などの開発課題，すなわち SDGs のすべての目標の達成のために不可欠なのである。

さて，2018 年の SDGs の各国の取組ランキングによれば（SDGs Index and Dashboards Report），日本は 15 位で，2017 年の 11 位から後退している。取り組みが遅れていると指摘されているゴールは目標 12（生産と消費），目標 13（気候変動），目標 14（海の環境），目標 17（パートナーシップ），そして目標 5（ジェンダー平等）である。

SDGs 目標達成に残された時間は，あと 10 年，いや，もう 10 年もない。

引用・参考文献

赤松良子監修，国際女性の地位協会編（1999）『女性の権利―ハンドブック女性差別撤廃条約』

国際連合／外務省訳（2000）「国際的な組織犯罪の防止に関する国際連合条約を補足する人（特に女性及び児童）の取引を防止し，抑止し及び処罰するための議定書」（略称　国際組織犯罪防止条約人身取引議定書），第 3 条

菅原鈴香（2007）「基礎教育とジェンダー―教育におけるジェンダー格差の解消とジェンダー平等確立を目指して」『平成 18 年度独立行政法人国際協力機構　客員研究員報告書』独立行政法人国際協力機構・国際協力総合研修所

田中由美子（CSW3 日本代表・城西国際大学招聘教授）（2019）『CSW63 報告会資料』

一般社団法人 SDGs 市民社会ネットワーク（2017）『基本解説　そうだったのか。SDGs』

大崎麻子（2018）「連載　ジェンダー主流化の 20 年」『共同参画』内閣府

国立女性教育会館（以下，NWEC）は，学びを通じた男女共同参画の推進機関である。わが国唯一の女性教育のナショナルセンターとして，国，地方公共団体，男女共同参画センターや大学，企業などと連携を図りつつ，さまざまな事業に取り組んでいる。

本章では，男女共同参画社会の形成をめざす NWEC の学校現場にむけた実践として，教職員を対象とした「学校における男女共同参画研修」，および女子生徒の理系進路選択を支援する「女子中高生夏の学校～科学・技術・人との出会い」の2つの研修事業を取り上げる。

1 学校分野における男女共同参画推進の課題と現状

NWEC が現在取り組む学校教育現場における重点分野は2つある。1つは，教育機関，学術関係団体，学校教育の分野における政策・方針決定過程への女性の参画拡大，言い換えれば校長・教頭といった学校管理職の女性割合の向上，もう1つはいわゆる STEM 分野（科学（Science）・技術（Technology）・工学（Engineering）・数学（Mathematics））における男女共同参画の推進である。

実態はどうか。2018（平成30）年度の学校基本調査によれば，女性教員が6割を占める小学校において女性の校長は2割程度である。つまり，教職員と管理職の男女比が著しく乖離しているばかりか，国が2020年までに3割をめざす「指導的地位」に占める女性の割合にも満たない。中学校・高校の校長職にいたっては，衆議院議員の女性割合よりも低い一桁台（中学校：6.7％，高等学校：8.1％）にとどまる。

STEM の男女比についても同じく学校基本調査から課題が浮かびあがってくる。2018（平成30）年度における専攻分野の合計でみると大学（学部）および大学院（修士課程）の女子学生の割合は，それぞれ45.1％，31.3％となっているが，専攻分野別にみると大きな偏りがある。すなわち，人文科学，薬学・看護学等および教育等では女子学生の割合が高い一方，理学および工学分野等では女子学生の割合が低くなっている。このような専攻の男女割合の差は，学生のみならず指導側の教職員の男女比に直結する。2016（平成28）年度の学校教員統計調査によれば，大学などの研究本務者（専任の教員）の女性割合は全体の23.7％であるが，分野別にみると家政は80.0％，人文科学では32.0％であるのに比べ，工学は6.4％，理学は9.7％にとどまる。

国立女性教育会館（本館）

上記の現状をふまえて，NWEC が学校教育現場を対象として展開している研修を，以下に 2 つ紹介する。

② 「学校における男女共同参画研修」のプログラム開発

　NWEC の 2016（平成 28）年からの第 4 次中期計画（5 カ年）に基づき新規事業として開発した，「学校における男女共同参画研修」がある。この研修の試行から本格実施までの経緯を説明し，学校現場への NWEC のアプローチについてまずは言及したい。

　研修を開発するにあたり，課題としてすぐに浮かび上がったのは，NWEC が取り組みたいテーマと教職員の問題意識との乖離であった。現場の先生方や識者，並行して行われている「女性教員の活躍推進に関する調査研究」の途中経過も鑑みて検討を進めると，教職員が真っ先に考える学校現場における男女共同参画の課題は，女性管理職の低さではなかった。具体的には，性教育，デート DV，SNS やインターネット上の差別，いわゆる「性的マイノリティ」へのいじめ，教職員自身のワークライフバランス（働き方）などである。そして，上記にあげた内容のほうが，女性管理職の課題より教職員の関心を集めやすいことも容易に推測できた。つまり，学校現場の問題関心と NWEC が取り組みたいテーマをどのようにリンクさせるかが，効果的な研修プログラムを立案するにあたっての大きな鍵となっていったのである。

　中期計画上では研修プログラムは 2018（平成 30）年度からの開発をめざしており，その前の 2 年間で試行が可能であった。そこで 1 年目の 2016（平成 28）年度は，女性管理職をメインテーマにせずに，教職員の興味をひきやすい児童・生徒への指導面に着目し，そこに男女共同参画の視点を取り入れる重要性を伝える，試行プログラムを実施した。具体的に扱った内容は以下のとおりである。

・文部科学省から通知が出た直後のいわゆる「性的マイノリティ」の生徒への対応
・SNS トラブル
・デート DV
・新学習指導要領の柱となるアクティブ・ラーニング等を活用する多様性を実感するワーク

---

　2 年目以降は，独立行政法人教職員支援機構，日本女性学習財団，千葉県教育委員会との連携のもと企画委員会を設立，試行から得られた知見もふまえ，さらに効果的な研修プログラムの立案にむけて検討を重ねた。とくに 1 年目の試行で，男女共同参画，あるいは「ジェンダー」の課題について予想以上に学校現場で受け入れられる可能性があると判断できたため，本来の狙いである女性管理職の割

本格実施となった 2018（平成 30）年度「学校における男女共同参画研修」の様子

合の向上に積極的にスポットをあてる計画を練った。そして，2017（平成29）年度の2回目の試行実施，2018（平成30）年度からの本格実施につなげた。女性管理職の割合向上だけでなく，2020（令和2）年からの学習指導要領改訂の機をとらえたアクティブ・ラーニングの授業実践を盛り込んだり，1997〜2002（平成9〜14）年までNWECが実施していた「教師のための男女平等教育セミナー」から「隠れたカリキュラム」の知見も取り入れた。プログラムの目的としては以下の3点があげられている。

- ・初等中高教育諸学校の学校現場に存在する男女共同参画課題を把握する。
- ・教職員自身のキャリア形成や働き方改革，女性管理職の育成について，男女共同参画の視点から捉え，理解を深める。
- ・男女共同参画課題にどのように対応したらよいのかを実践的に学ぶ。

③ 「女子中高生夏の学校〜科学・技術・人との出会い」とSTEMへの取り組み

つづいて女子生徒の理系進路選択を支援する「女子中高生夏の学校〜科学・技術・人との出会い」（以下，夏の学校）を紹介する。STEM分野においては，世界的に女性の割合が少ない傾向にある。しかし日本においては，諸外国に比べて女性研究者の比率の伸びが遅く，文部科学省を中心にさまざまな施策が打ち出されている。内閣府男女共同参画局が行っている「理工チャレンジ（通称「リコチャレ」）」は，多くの教育機関，企業，団体などの取り組みをつないで女子中高生・女子学生の理工系進路選択を応援する事業で，2005（平成17）年から取り組んできたこの研修は，関連イベントの1つとして登録している。

このプログラムの特徴としてまずあげられるのは，女子中高生の理系選択を後押しする周囲からの強力な「プッシュ」である。2泊3日の合宿研修により，女子中高生は科学研究者・技術者，大学生・大学院生などとの交流を通じて，理系進路の魅力を知り，また再確認し，理系に進もうという意識を高める。並行して，身近な支援者である保護者・教職員を対象とした研修も可能な限り実施し，子どもの将来像が描けるように，そしてよきアドバイスができるように理系進路選択について理解を深める。

とくに大きな後押しとなるのは，理系に進んだ女子大学生・大学院生のTA（Teaching Assistants）である。彼女たちは，グループごとに担当を決め，期間中はつきっきりでサポートに入る。なかには，中高生のときに「夏の学校」に参加したことがあるTAもおり，その参加した経験をもとに女性研究者や技術者，

「女子中高生夏の学校〜科学・技術・人との出会い」2018の集合写真

教職員とともに学生企画委員として企画・運営に参画している。

　女子中高生の理工進路選択にこのような強力なプッシュが必要な理由はなにか。それは、固定的性別役割分担意識（ジェンダー・バイアス）への対応でもある。「夏の学校」の協力団体である男女共同参画学協会連絡会の調査によれば、科学技術系専門職の進路選択に、小中高時代に影響を与えたものとして、女性は家族・親戚、先生などまわりの大人の影響をあげる割合が男性より高いことが報告されている（男女共同参画学協会連絡会、2013：22-23）。つまり、「男は理系、女は文系」といった「男らしさ、女らしさ」に対する考えが周囲に根強ければ、女子生徒の理系進路選択に影響するのである。たとえば、理系は文系より学費がかかる、と言われれば、男のきょうだいの進学を優先して理系選択をあきらめるように女子生徒に無意識の圧力がかかる。理系は大学院までいくのが当たり前、と言われれば、浪人を避けるだけでなく、婚期や出産適齢期を逃す、と言われるのを気にして進路変更をしてしまうかもしれない。そのため、女子中高生の理系進路選択支援を広め、強力に後押しするためには、保護者や教職員への意識啓発が重要なのである。

④　性別役割分担意識の根強さ

　上記のように、STEM分野の女性の少なさは、女子の進路選択の際に働く性別役割分担意識という学校教育の課題としても検討されてきている。この課題は「学校における男女共同参画研修」と共通である。現在関心が高まっている学校現場の働き方改革や、女性の校長・教頭の割合の少なさを男女共同参画の視点でとらえる機会を提供することで、NWECは学校現場に何を一番伝えたいのか。それは学校現場にある性別役割分担意識への気づきである。言い換えれば、「男は仕事、女は家庭」「男は力仕事、女は内向きの仕事」そして「男は理系、女は文系」といった「男らしさ、女らしさ」に対する考えや風土が根強ければ、それは学校の日常生活や教職員の何気ない行動にあらわれ、生徒・児童が無意識に学習してしまう。そして、学校に女性の校長・教頭がいなければ、女性はリーダーにふさわしくないと感じ取ってしまうため、女性の社会参画の推進の妨げにもなりかねないのである。

　研修プログラムの展開と並行してNWECで実施した「学校教員のキャリアと生活に関する調査」でも、学校教員の性別役割分担意識の強さが明確となっている。たとえば、子どもが未就学から小学校の時期に、女性教員の79.4％は家事・育児などの半分以上を担っている（た）と回答している。これは、男性教員の3.5％に比べかなり高い。そして管理職になりたいと思う教員の割合は女性7.0％に対して男性29.0％と開きがあり、女性はその理由として育児・介護の両立がむずかしい、自分にはその力量がないことをあげている。

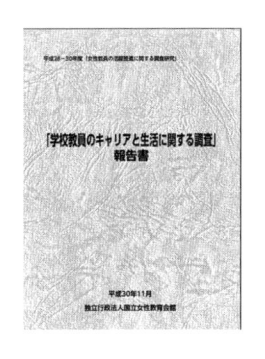

　NWEC が研修に込めた思いは確実に受講者に届いていると感じる。「学校における男女共同参画研修」の受講者のアンケートをみると，「なぜ男女共同参画が必要なのか，自分の意識の持ち方，考え方を変えていこうと思うことができた」「無意識に差別してしまっていることを体験により実感できた」「女性の管理職が増えること自体が，生徒の男女共同参画への意識を高めることにつながるというお話が，目からうろこでした」など好意的な声が多い。また，満足した理由として，NWEC で同じ問題意識をもつ他県の教職員と交流・意見交換できたことをあげた参加者も少なくなく，ネットワーク形成の場として国立機関の NWEC が研修を提供した意義も大きかったことがうかがえる。

　だが，学校の男女共同参画の推進は，教職員自身の気づきや意識変革だけでは進まない。「夏の学校」で対象とした保護者はもちろんのこと，各地方自治体の教育委員会や地域の理解やサポートが不可欠である。「学校における男女共同参画研修」も 4 年目以降は企画委員を増やし，参加人数も 30 人から 50 名に拡大，各都道府県から 1 名以上の参加を狙っている。さらに，プログラミング教育の導入で学校の ICT 環境整備が進むことも期待し，YouTube を利用した，入門的な内容の講義動画の配信も企図している。

⑥　**NWEC の役割―学びを通じた男女共同参画社会の形成と目標 5 の達成―**

　性別役割分担意識の根深さが課題となるのは学校現場に限らない。NWEC では学校現場以外にもさまざまな分野を対象とした主催研修を実施している。たとえば，企業に向けては女性活躍推進と働き方改革を，女子学生に向けては理系進路選択だけでなく出産・子育てをふまえたキャリア形成を題材に，大学教職員に対しては女性研究者支援やキャンパス・ハラスメントなどをこれまで扱ってきた。一見すると，別々の内容にみえるが，プログラム開発の基本的な進め方は今回取り上げた 2 つの研修と同じである。その分野における男女共同参画にかかわる喫緊のテーマから入り，その根底にある性別役割分担意識に，学びを通じて切り込んでいる。そして，このようなプログラムの開発を支援する「学習オーガナイザー養成研修」も実施している。

　NWEC は学びを通じて男女共同参画社会の形成を促進するタスクを担う。それは個々人や社会制度が無意識に抱く性別役割分担意識の影響に気づき，性別にかかわりなく，その個性と能力を十分に発揮することができる社会の実現をめざ

会館の敷地内にある「男女共同参画の木」
木の根元近くがつながっていて，仲よく手をつないでいるように見える

すものである。今回紹介した 2 つの研修からもわかるように，NWEC は，目標 5 に含まれる「政治，経済，公共分野でのあらゆるレベルの意思決定において，完全かつ効果的な女性の参画および平等なリーダーシップの機会の確保 (5.5)」「女性の能力強化促進のため，ICT をはじめとする実現技術の活用の強化 (5.b)」も意識しながら，SDGs の達成をめざしているといえよう。

参考文献・ウェブサイト

国立女性教育会館 (2018)「『学校教員のキャリアと生活に関する調査』報告書」(国立女性教育会館　リポジトリ内) http://id.nii.ac.jp/1243/00018804/

国立女性教育会館 (1997〜2017)『主催事業実施報告書〈平成 9 - 平成 29 年度〉』各年度版

男女共同参画学協会連絡会 (2013)「第三回科学技術系専門職の男女共同参画実態調査」https://www.djrenrakukai.org/doc_pdf/2013/3rd_enq/3rd_enq_report130918.pdf

男女共同参画統計研究会 (2015)『男女共同参画統計データブック 2015』

内閣府男女共同参画推進連絡会議「2020 年『2020 年 30％』の目標の実現に向けて」http://www.gender.go.jp/kaigi/renkei/2020_30/index.html　(2019 年 6 月 18 日閲覧)

(一財) 日本青年館 (2017)「女性活躍支援と男女共同参画　NWEC40 周年とその取組」『社会教育』6 月号，4-22 頁

文部科学省「平成 30 年度　学校基本調査」

文部科学省「平成 28 年度　学校教員統計調査」

UN Women 日本事務所「女性と持続可能な開発目標」http://japan.unwomen.org/ja/news-and-events/in-focus/sdgs (2019 年 6 月 18 日閲覧)

第5章
安全な水とトイレを世界中に
すべての人々の水と衛生の利用可能性と持続可能な管理を確保する

　水は，いうまでもなく人間の生存に不可欠なものである。しかし安全な水が得られず，トイレがないことで赤痢やコレラなどの感染症によって命を落とす幼い子どもたちが，いまも後を絶たない。水を得るために何時間もかかる暮らしは，人々から就労や就学の機会を奪い，社会や経済にも大きな損失をもたらしている。目標6を達成することは，抵抗力の低い子どもたちをはじめとする多くの人々の命と健康を守り，社会や経済の発展を支える。

　同時に，目標6では健全な水環境の回復をめざしている。私たちは毎日，飲み水や調理，入浴や洗濯，トイレなどで大量の水を使用しては，汚し，川や海へと排出している。日本では高度経済成長期，洗剤などの化学物質やし尿などの汚れた生活排水によって，都市部の河川には深刻な汚染が生じていた。たとえば，東京都と神奈川県に挟まれている多摩川では，1960年ごろから流域の人口が増加したことが原因で生活排水による汚染が進行，1970年ごろの田園調布堰付近では，洗剤による泡で水面が覆い尽くされるほどであった。アユをはじめ，ウグイやウナギなども姿を消し，悪臭が漂う「死の川」であった。

　このように，目標6はSDGsの重要な要素「人間（people）」「環境（planet）」「繁栄（prosperity）」が複雑に絡み合った課題の典型であるといえる。私たちの生命や人間の尊厳という点から水は欠かせず，経済と社会の発展という点からその利用量や汚染が引き起こされ，環境の悪化は人々の生活も悪化させ経済に損失も与える。目標6の達成には，多面的に課題をとらえなければならない。

　生活に不可欠であるにもかかわらず，私たちは暮らしのなかで水がどこからどうやってくるのか，また生活排水がどのように環境や社会に影響を与えているのか，じつはみえにくい。目標6の達成において，私たちの暮らしが水環境にどのような影響を与えているのか，周囲の水域の汚染状況がどの程度なのか，

汚染によって生活にどのような支障があるのか，正しく知り，理解することが重要で，教育が果たす役割も大きい。日本は，水に恵まれ安全な飲用水を豊富に手にすることができると考えられている。しかし現在，上下水道にかかわるインフラの劣化，水道事業の民営化や海外資本による水源地の購入など，国内でも水環境を脅かす要因は多数ある。2011 年の福島第一原発事故では首都圏の水道水が汚染されたことも記憶に新しい。気候変動による降雨量の変化など水の大循環も危機を迎えている。

　私たちの生活をとりまく水の問題に無関心でいることは，生存に不可欠な情報を知らないということでもある。日本では，市民による水質調査が各地で行われているが，市民による調査には水質や水環境の実態を記録するという意義に加えて，調査を通じて身近な環境の実態を知ることができるという教育的な効果も大きい。バーチャルウォーターもみえにくい水の問題に気づく教材としても活用できる。下水道などのインフラ整備が不十分な途上国でも，生活排水による汚染の実態と対策を知ることは，目標 6 の達成につながる教育的なアプローチであるといえる。（編者）

目標 6. すべての人々の水と衛生の利用可能性と持続可能な管理を確保する

6.1　2030 年までに，すべての人々の，安全で安価な飲料水の普遍的かつ平等なアクセスを達成する。

6.2　2030 年までに，すべての人々の，適切かつ平等な下水施設・衛生施設へのアクセスを達成し，野外での排泄をなくす。女性及び女子，ならびに脆弱な立場にある人々のニーズに特に注意を向ける。

6.3　2030 年までに，汚染の減少，投棄廃絶と有害な化学物質や物質の放出の最小化，未処理の排水の割合半減及び再生利用と安全な再利用の世界的規模での大幅な増加させることにより，水質を改善する。

6.4　2030 年までに，全セクターにおいて水の利用効率を大幅に改善し，淡水の持続可能な採取及び供給を確保し水不足に対処するとともに，水不足に悩む人々の数を大幅に減少させる。

6.5　2030 年までに，国境を越えた適切な協力を含む，あらゆるレベルでの統合水資源管理を実施する。

6.6　2020 年までに，山地，森林，湿地，河川，帯水層，湖沼などの水に関連する生態系の保護・回復を行う。

(1) 水とは？ 衛生とは？

人が1日当たりどれだけの水を日常生活で消費するか，みなさんご存知だろうか。まず，想像しやすいのは1日に人が摂取する水（食品に含まれる水を含む）だろう。もちろん人によって大きく異なるが，1人1日当たりおおむね1〜2リットル程度の水を摂取する。これ以外に私たちはどの程度の量の水を使うのだろうか。国土交通省・水資源部によると，2015年度の1人1日当たり水使用量は283リットルである。このうち，最も水を消費している用途は風呂（40%）であり，トイレ（21%），炊事（18%），洗濯（15%），および洗面・その他（8%）と続く。

では，人の生活を維持するには，最低どの程度の量の水が必要だろうか。研究により差はあるが，1人1日当たりおおむね40〜50リットル程度といわれている。日本人がこれをはるかに上回る量の水を利用する一方，世界にはぎりぎりの量で生活をしている人も多い。筆者らが調査したネパールのカトマンズでは，水道の蛇口を開けても4日に1回，わずか数時間程度しか水が出てこず，1人1日当たりでは40リットル程度の水しか使えない世帯が多い。アフリカの多くの国では，家の近くに水道や井戸がないことは珍しくなく，生活に必要な量の水を遠方まで汲みにいくのが重要な家事の1つである地域も多い（写真5-1）。日本人が何気なく使っている「水」は，当然の資源ではなく，貴重な資源なのである。

では，衛生とは何だろうか。目標6の原文のタイトルは「Goal 6. Ensure availability and sustainable management of water and sanitation for all」である。すべての人が水とサニテーションを手に入れること，そして持続的に管理することを確保することがうたわれている。サニテーションとは何だ

写真5-1 水汲みをする女性と子ども

ろうか。サニテーションは日本語では「衛生」と訳されることが多い。「衛生」は，命（生）を衛ることを意味しており，広辞苑によると「健康の保全・増進をはかり，疾病の予防・治療につとめること」とされる。いっぽう，英語のsanitation の意味は日本語の衛生とは範囲が異なる。ロングマン英語辞典によると「汚物や汚水を取り除き，処理することにより公衆の健康を保全すること」とある。つまり，サニテーションとは，汚物の除去・処理，言い換えればトイレ・し尿（しは大便のこと）の問題なのである。目標6自体は水と衛生に関する広い分野をカバーしているが，その中心的メッセージとしてうたわれているのは，水とトイレ・し尿の問題なのである。ちなみに同じく日本語では衛生と訳されることが多い hygiene とは，病気を防ぐために自分と自分の周りを清潔に保つ行動・慣習である。本章では，これらを明確に区別するため，sanitation はサニテーションと，hygiene は衛生習慣と訳す。

　サニテーションの対象であるし尿について，少し考えてみよう。まず，人は1人1日当たりどの程度排泄しているのだろうか。ばらつきは大きいが，尿は1.4 リットル程度，大便は130〜250g 程度とされる[1]。1000 人が暮らす町を想像してみよう。毎日 1400 リットルの尿と，130〜250kgの大便が発生するのである。10 万人の都市ならどうなるか。日本にいると想像しがたいが，十分なサニテーションを利用できない人口は 24 億にのぼる。し尿は多くの病原性微生物，たとえばコレラや赤痢などを媒介するにもかかわらず，この人口のし尿はまともに処理されていない。これこそが，サニテーションの問題なのである。

　いっけん，水とサニテーションは独立した問題のようにも思われるが，じつは切っても切れない関係にある。サニテーションが達成できなければ，先述した量のし尿が放置され，流出する。そして生活に欠かせない水はし尿に汚

写真 5-2　ネパールの川岸に設置された排泄スペース　排泄物が川に流れて浮かぶ

染される。清潔であるべき水にとって，し尿による汚染は脅威である。水が汚染されると，あるいは衛生習慣（手洗い，食品衛生など）が不十分であると，汚染された水，食器，食べ物，あるいは手指を介して（写真5-3），し尿由来の病原性微生物が人の口に入り，感染し（糞便−経口感染），健康が損なわれるのである。こうしたことから，水とサ

写真 5-3 バングラデシュのトイレ汚水が垂れ流しにされる川で食器を洗う人

ニテーション，そして衛生習慣を含めた Water, Sanitation and Hygiene を WASH と略し，統合的に対策が取られることが多い。本章では，水，サニテーション，そして衛生習慣を合わせて，水・衛生（＝WASH）と表記することとする。

(2) 水・衛生の不備で何が起こるか

①下痢

水・衛生へのアクセス向上が国際的に重要な課題になっている背景として，水・衛生が人々の健康に与える影響がある。世界では5歳以下の子どもが毎年540万人死亡しているが，新生児期の問題を除けば1位は肺炎（17.6％），2位は下痢（12.0％）である（図5-1）。下痢は不衛生な生活環境により引き起こされる疾病であり，世界の下痢の88％は水・衛生の不備に起因するといわれる。つまり，水・衛生の不備は世界の子どもの脅威となっているのである。

②広範な影響

水・衛生の不備は，下痢以外の感染症にもつながる。たとえば，水の不備はトラコーマを引き起こし，サニテー

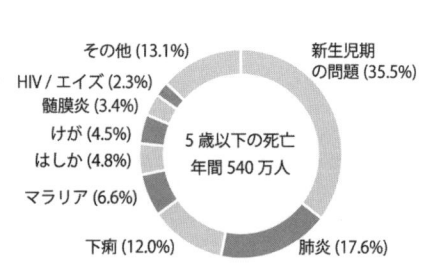

図 5-1 世界の 5 歳以下の子どもの死亡要因

出所：ユニセフの Child Mortality Estimates（2019）より筆者が作成

ションと衛生習慣の不備は寄生虫症を引き起こす。さらには，こうした感染症にとどまらず，より広範な影響を与える。たとえば，水汲みは多くの場合，女性や子どもの仕事となっている。往復30分以内に改善された水源を利用できる人口は世界人口の89％しかおらず，サブサハラ・アフリカを対象とした24カ国の調査では，336万人の子どもと1354万人の成人女性が30分以上かかる水汲みの責任を負っている[2]。また，水を集めるのに1日当たりに費やされる時間は，同地域の女性の合計で1600万時間，子どもの合計で400万時間に上るとも推計されている[3]。労働，家事，子育て，あるいは余暇の時間が減るとともに，子どもの教育の時間が奪われ，ときには学校に行く妨げになる。水の不備は著しい機会損失につながっている。

　サニテーションの不備は，心的ストレスや安全への懸念にもつながる。たとえば，野外排泄をせざるを得ない環境では，羞恥心から日中の排泄を避け，夜間に排泄を行う女性も多い。暗闇での野外排泄は強姦などの性的暴行にあう危険を伴う。たとえば，ナイジェリア・ラゴスのスラムでの事例[4]では，40％の女性が野外排泄を余儀なくされ，その4分の1が過去12カ月に，自身あるいは周り誰かが性的ハラスメントを経験した，性的暴行の恐怖を感じた，あるいは実際に性的暴行を受けていた。水・衛生の不備は，不安，フラストレーション，当惑，自己否定，疎外感，自己効力感低下，あるいは性的暴力への恐怖などの精神的なストレスにもつながる。

　このように，水・衛生の不備は，下痢をはじめとした感染症による健康影響に加え，単に不快であるのみならず，教育機会の損失，性的暴力などの脅威，心的ストレスなど，広範な影響を引き起こすのである。快適な排泄環境を確保できないことは人の尊厳にもかかわる問題ともいえる。

(3) 世界における水・衛生の現状

　世界的な水・衛生の普及状況に関する継続的な調査が，世界保健機関（WHO）と国連児童基金（UNICEF）による共同モニタリング計画（JMP：Joint Monitoring Programme）により行われている。JMPに基づく水（ここでは飲料水）とサニテ

ーションの普及状況データを理解するには，まずは「改善された水源」，および「改善されたサニテーション」とは何かを理解する必要がある。前者は，「施設のデザインや建築が本質的に安全な飲料水を供給しうるもの」であり，パイプで給水をする水道，深井戸，管井（写真5-4）などを含む。後者は「し尿を衛生的に人間の接触から隔離できるように設計・建設された施設」であり，下水管・腐敗槽（セプティックタンクとも呼ばれる簡易の沈殿槽）などに接続された水流式・手桶注水式の水洗トイレ，スラブ付きのピットラトリン（写真5-5）などを含む。

　この定義に基づき世界での水の普及状況を表したのが図5-2である。2015年時点で，世界人口の71％（52億人）が安全に管理された水供給（改善された水源からの飲料水を，汚染されず，近くで必要なときに利用できる状態）を利用している。改善された水源から往復30分以内に水を取得できる基礎的サービスまで含めると，その数は世界人口の89％（65億人）となる。基礎的サービスに満たない人口割合は11％と少なく感じるかもしれないが，その人口自体は8.4億人（じつに日本の人口の6.6倍）にも上る。川や池などの表流水から直接水を汲み，飲料水として利用する人口は1.6億人（日本の人口の1.3倍）にも上る。現実には，世界の水供給は不十分な状態にある。

　いっぽう，サニテーションの現状は一層深刻

写真5-4　バングラデシュの管井
チューブウェルと呼ばれ，金属管が地中深くに挿入されている

写真5-5　ケニアのピットラトリン　穴を掘る，あるいは何らかの貯留槽をつくり，その上に建屋を設置して穴・槽の中に糞便を貯める。写真上部の筒はピットにつながる換気用のパイプ

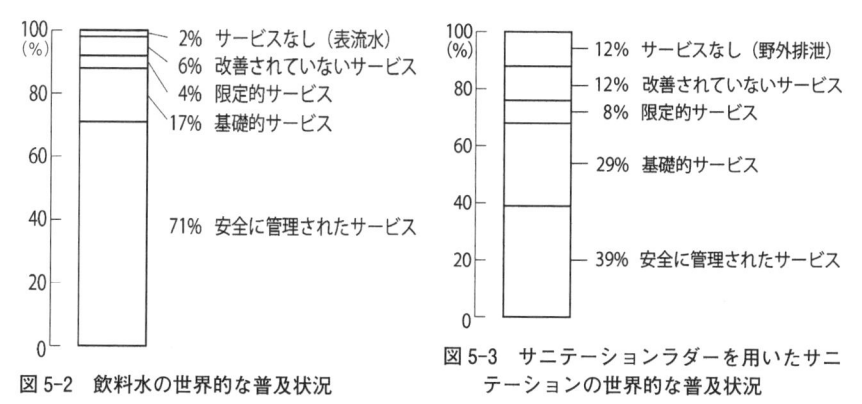

図 5-2　飲料水の世界的な普及状況

図 5-3　サニテーションラダーを用いたサニテーションの世界的な普及状況

注：限定的サービスとは，改善された水源からの飲料水を取得するのに待ち時間を含めて往復 30 分以上を要する状態をさす

出所：WHO & UNICEF（2017）をもとに作成

である（図5-3）。世界人口のわずか39％（29億人）しか安全に管理されたサニテーション（他世帯と共有していない改善されたサニテーション施設であり，そのし尿が現場あるいは回収後に処理・処分される状態）を利用できていない。トイレ後にし尿を処分・処理はしないものの単独世帯で改善されたサニテーション施設を使う基礎的サービス（端的にいえばトイレのみ）までを含めても，その数は世界人口の68％（50億人）でしかない。

基礎的サービスにも満たない人口は23億人（日本の人口の18倍）にも上る。このなかには改善されていないサービス，たとえばハンギングラトリン（写真5-6）や，バケツやカゴなどの上に座台を設置しただけのバケットラトリンなど，きわめて粗悪なトイレを利用する 8.6 億人も含まれる。そして，じつに 8.9 億人（日本の人口の 7 倍）もが野外排泄を行っている。水と比べても，

写真 5-6　バングラデシュ・スラムのハンギングラトリン　水路にかかる足場上で排泄し，し尿を水路に落とす。近くに見える布で身を隠す

非常に多くの人々がサニテーションを確保できていないのである。

　最後に，衛生習慣については国際的な普及状況のデータが目標6の宣言に合わせて JMP でようやく収集されはじめたばかりである。まだ全世界の普及状況に関するデータはないものの，2015年時点で70カ国（世界人口の20％相当）の比較可能な手洗い施設に関するデータが整備されている。データが集まった後発開発途上国のなかで，敷地内など近くで石鹸と水がある手洗い施設を利用できる基礎的衛生習慣サービスを利用できる人口は27％であり，石鹸か水のどちらかしかない限定的衛生習慣サービスを利用できる人口は26％である。水およびサニテーションと比べると，ようやく指標が整備され，データ収集が始まった段階であり，世界的な普及率はまだきわめて低い状態と予想される。

(4) 容易ではない水・衛生の普及

　サニテーションを例に，なぜその普及が容易ではないのか考えてみよう。そのためには，まずは日本の現状を知っておいたほうがよいだろう。日本では，2017年時点で集中型サニテーション技術である下水道が約75％，浄化槽が約20％，および汲み取りトイレが約5％の人口に使用されている。都市にいると気づきにくいかもしれないが，下水道以外を使用する人口は今でも一定数存在する。なお，浄化槽とは，各世帯の生活排水（あるいはトイレ排水のみ）を処理・放流する個別の処理タンクであり，各戸の地下などに埋設されている。浄化槽や汲み取りトイレといった，し尿の処理・処分，あるいは一時貯留をその場で行うサニテーション技術をオンサイト・サニテーション技術と呼ぶが，その多くでは，槽内やトイレ内に溜まったし尿の泥（し尿汚泥）をバキュームカーで引き抜き，別の場所で処理・処分する必要がある。そのために，日本には現在約1000カ所のし尿処理場（汚泥処理場）が整備されている。下水道を中心としながら，オンサイト・サニテーション技術およびそれを支えるし尿処理場が，下水道を補完することで日本のサニテーションを支えているのである。

　いっぽう，2015年時点の世界人口73億人のうち，下水道は19億人程度にしか使われていない。では，世界中に下水道を普及させればいいのではないか，

と思うかもしれない。しかし，これはそれほど簡単なことではない。下水道が日本のサニテーションに大きく貢献しているのはまちがいないが，途上国への普及を考えると，課題も多い。日本では下水道に多額の資金を投入してきた（90兆円以上）。試算ではあるものの，下水道インフラの債務残高は，下水道法に基づく狭義の下水道だけで13兆円を超え[5]，下水道法外の下水道に類するものを含めると30兆円ともいわれる。さらには，下水道料金は徴収されているが，自治体の一般会計からの繰り入れがなければ毎年1500億円程度の赤字である。加えて，下水道が使用する電力量は約70億kWhであり，これはJR東日本の約50億kWhを上回る膨大なエネルギー量である。そもそも，世界で水の確保がいまだ課題であるなか，トイレの水洗には1回当たり6〜10リットル程度を要する。毎日40リットル程度で暮らす地域においては，水洗トイレを使う下水道の導入は容易ではない。

　それならば，オンサイト・サニテーション技術を活用すればよいのではないか。実際，オンサイト・サニテーション人口は約28億人といわれている。多くの途上国の都市部では腐敗槽が広く使用され，都市近郊〜農村部ではピットラトリンが広く使われている。しかし多くの途上国では，オンサイト・サニテーション技術の槽内に堆積するし尿汚泥は長期間汲み取られずに堆積し，処理が適切に機能せずに放流水は汚濁物質を多く含んだまま放流される（写真5-7）。し尿処理場は整備されておらず，引き抜いたし尿汚泥の不法投棄は世界中で問題となっている。こうしたなかで，野外排泄や改善されていないサニテーションを利用する人口をいかに減らすのかは，大きな課題なのである。

写真 5-7　バキュームカーによる腐敗槽からの汚泥を汲み取り　定期的な引き抜きがなければ腐敗槽は機能しない。多くの腐敗槽には汲み取り口もなく，詰まるまで汲み取られず，必要なときにはトイレや家の床に穴を開けて汲み取る

(5) 国際社会の対応：MDGs 目標 7 から SDGs 目標 6 へ

①ミレニアム開発目標における水・衛生

こうした世界的な課題に対し、国際社会も注力してきた。2000 年に採択された国連ミレニアム開発目標 (MDGs：Millennium Development Goals) では 8 つの目標を掲げたが、目標 7「環境の持続可能性確保」のターゲット 7c として、安全な飲料水と基礎的なサニテーションを持続的に利用できない人々の割合を2015 年までに 1990 年比で半減することが目標とされた。2015 年時点の水・衛生の普及状況はすでに詳述したが、水の目標は約束期間の 2015 年より 5 年も早く達成され、改善された水源を利用できない人の割合は 1990 年の 24％から2015 年には 9％まで減少させることができた。この間に、じつに 26 億人が新たに改善された水源を利用できるようになった。

いっぽう、改善されたサニテーション施設を利用できない人口割合は 1990年に 46％であったが、2015 年時点で 32％であり、サニテーションの目標は達成できなかった。改善されたサニテーション施設を利用できる人口はこの間に21 億人増えたものの、2015 年時点で 24 億人が改善されたサニテーション施設を利用できない。なぜこれほど利用人口が増えたのに目標を達成できなかったのだろうか。端的にいえば、改善されたサニテーション施設を利用できない人が多い地域 (アジアやアフリカなど) において、人口が増加したのだ。

②持続可能な開発目標における水・衛生

2015 年までの目標であった MDGs を引き継ぎ、これを発展させる形で 2030年までの目標として持続可能な開発目標 (SDGs) が設定された。MDGs では目標 7 のターゲットの 1 つ (7c) として位置づけられていた水とサニテーションは、SDGs では目標 6 として独立した目標に格上げされ、いくつかの大きな変化を遂げた。

大きな変化の 1 つ目は、対象範囲の拡張である。飲料水 (6.1) とサニテーション (6.2) に加え、衛生習慣 (6.2) が含まれた。さらに、排水処理と水質の改善(6.3)、水利用効率の改善と持続的な取水 (6.4)、統合的水資源管理の推進 (6.5)、水に関連する生態系の保護・回復 (6.6)、加えて実施手段として、国際協力と

能力構築支援 (6.a) および地域コミュニティの参加支援・強化 (6.b) が加わり，ターゲット 7c と比べ包括的な目標となった。

　2つ目は，目標の進化である。ターゲット 7c では，改善された水源と改善されたサニテーション施設を利用できない人口割合の半減が目標とされたが，SDGs 目標 6 では，すべての人への安全な水とサニテーションが目標とされた。上述のように，ターゲット 7c ではサニテーションの目標は達成できなかった。それにもかかわらず，目標 6 ではよりチャレンジングな目標を設定しているのである。

　3つ目は，目標の達成度管理に使う指標の進化である。ターゲット 7c では，改善された水源および改善されたサニテーション施設の普及状況をその指標としたが，ターゲット 6.1 および 6.2 では，それぞれ，安全に管理された飲料水サービスおよび安全に管理されたサニテーション・サービス人口がその指標となっている。目標 6 では水源や施設のタイプにとどまらず，汚染されていない水を必要なときに使えるか，し尿を隔離するだけではなく処理・処分できるかといった，サービスの質を目標としたのである。

　このように，目標 6 は，ターゲット 7c からその範囲が広がり，すべての人類への普及が目標となり，指標は単なる施設の普及からサービスの質への進化した。国際社会は，水・衛生の問題に対して，きわめて大きな挑戦を宣言したといえる。

2　水・衛生と教育

　前節で述べたように，水・衛生の不備は教育機会の逸失など，教育への負の影響が指摘されている。いっぽうで，教育は水・衛生問題の解決のためにも大きな役割を担うだろう。たとえば，井戸やトイレを導入しても，その意義や水・衛生が人や環境に与える影響を理解していなければ，継続的に利用されないことも多い。トイレを衛生的に使用・管理することや，手洗いなどの衛生習慣を根付かせることは，人の行動を変容させることであり，必ずしも容易なことではない。実際多くの水・衛生改善プロジェクトにおいて長期的な持続性は課題

とされ、そこに教育が果たす役割は大きい。本節では、水・衛生改善に向けた具体的な事例を紹介しつつ、そこでの教育が果たす役割について考察する。

(1) サニテーションの定着と教育

かつて日本でも、し尿が農業利用されていたように、し尿には肥料価値があり肥料の三要素の窒素・リン・カリウムが豊富に含まれている。水をほぼ使わず、し尿を衛生的に農業に循環するアプローチとして、エコロジカルサニテーション（エコサン）があり、途上国のとくに農村において利用されつつある。し尿とは大便と尿より構成されるが、大便はコレラや赤痢など水系感染症を引き起こす病原性微生物の多くを含む。いっぽう、尿は大便よりも栄養塩類（肥料成分）が豊富で、腎臓で濾過されるため基本的にはほぼ病原性微生物を含まない。

エコサンでは、し尿分離型ドライトイレ（UDDT：Urine-diverting dry toilet）（写真5-8・5-9）を用いて、これら性状の異なる大便と尿を分離する。水を使わず灰を散布して大便を乾燥化・アルカリ化により効率よく処理し、処理した大便と尿を農業利用する。

UDDT導入の課題の1つとして、し尿を分離し、水を用いず便槽内を乾燥

写真5-8 し尿分離型の和式便器 左右の丸い部分が便槽であり一方が満杯になったあとに他方を使うことで、大便を一定期間貯留できる。真ん中の穴から部分で尿が回収される

写真5-9 筆者らがベトナムで導入したし尿分離型ドライトイレ（UDDT）

させ，灰を散布して大便を衛生化する特殊な使い方の習得があげられる。水洗トイレを知っている人たちは，しばしば便槽に水をかけようとする。UDDTの利用には，人々のこれまでの考え方を変え，行動を変容する必要がある。

ベトナム農村でNGO日本国際民間協力会と筆者らが協力した85基のUDDTの導入事業[6]では，衛生・環境教育として，導入前の大人・子どもそれぞれ向けのオリエンテーション（写真5-10），モデルトイレを用いた実演による利用法説明会，さらに，地元ヘルスワーカーによる各世帯での使用開始時と使用開始後5カ月間程度の定期的な巡回指導を実施した。

オリエンテーションや説明会では，実演や絵を用いながら，できるだけ言語を介さずに直感的な理解を心がけるとともに，各トイレ内部には使用方法のイラストを貼り付けるなど，利用者のエコサンへの理解促進を心がけた。

個人宅に設置した80基のUDDTに対して，ヘルスワーカーが5カ月にわたり実施した計6回の使用状況調査の結果を図5-4に示す。上述のように複数の事前教育を行っていたが，1回目の調査時点では半数近くのUDDTが適切に利用されていなかった。その後，ヘルスワーカーによる指導が継続されるなか，6回目の調査を実施した3カ月時点では不適切なUDDTは8世帯に減り，9割のUDDTが適切に使用されるようになった。UDDT導入前に利用者が最も懸念していた臭いは，現実的にはほとんど問題にならなかった。実際，UDDT

写真5-10　村の小学校で実施したオリエンテーションの様子

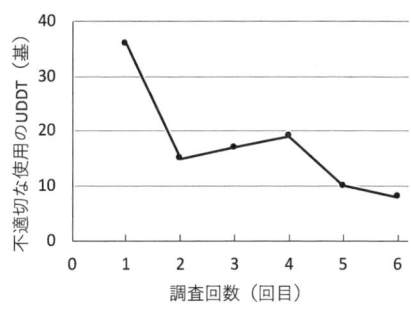

図5-4　80基のUDDTを対象とした5カ月間にわたる使用状況調査における不適切な基数の推移

の便槽内は乾燥しているので，状態がよければほぼ臭わない。いわゆるピットラトリンや不衛生なトイレについての部分的な知識のある人々のなかには，先入観としてトイレの臭いに対する懸念があり，し尿を貯めて利用する UDDT に抵抗感がある人々もいたが，運用状態が良好な UDDT を周りの世帯でみるなどし，結果的に UDDT を受け入れていった。

このように，単に施設としてのサニテーションを導入するだけではまったく不十分であり，事前の教育をしたとしても，一定期間の継続的な教育がなければ，サニテーションを適切に運用するための行動変容は十分には起こらない。さらに，中途半端で誤った知識は，新しいサニテーションを導入するうえでむしろ障害となることがあり，対象とするサニテーションを正しく理解するための教育，合わせて，理解されるような仕組みづくりが重要であるといえる。

もう1つ，次はマラウイにおけるエコサンの事例[7]をみてみよう。ここでは，導入後5年以上が経過した277基の個人宅 UDDT の使用状況が調査された。導入世帯の80％で UDDT は継続使用され，継続使用世帯のじつに98％で大便の農業利用が継続的に実施されていたが，尿は36％しか継続的に利用されていなかった。尿が利用されなかった要因として，大便の肥料価値の認識に対して，尿の肥料価値の認識が非常に低かったことがあげられる（図5-5）。前述したように，実際にはし尿中の肥料成分の多くは尿に含まれているので，し尿の農業利用の観点からはもったいない結果である。また，尿はほぼ病原性微生物を含まないのだが，尿の利用に関する健康懸念が尿の利用の障害になっていることも調査から示唆された。尿の肥料価値および尿利用の健康懸念に関する誤解が，尿の継続利用を妨げる結果につながったといえる。

このように，新しいサニテーションが受け入れられ，適切に利用されるには単純にトイレを建設するだけではなく，住民たちが正しい知識と認識をもつような継続的で十分な教育が重要だろう。教育はサニテーション導入を成功に導くうえで重要な役割を担っているといえる。

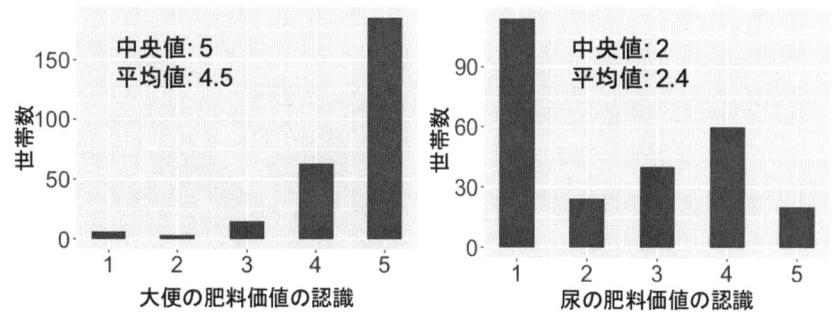

図 5-5　大便と尿の肥料効果の認識　5段階で5が最大

(2) 教育により水・衛生介入を促す

　水・衛生に起因する下痢は，汚染された飲料水の摂取，汚染された食料の摂取，汚染された食器の利用，汚れた手指の口への接触，シャワーや歯磨き時の誤飲，汚染された土壌や環境水の非意図的摂取など，多様な要因がその発生に影響を与える。では，さまざまな要因のなかから，何をどう改善するのが最も効果的に下痢の低減に寄与するのだろうか。衛生教育として，自らの衛生環境・行動と下痢のリスクを学ぶことで，効果的な衛生行動の選択が可能になるばかりか，住民が衛生行動を起こす動機が高まる可能性がある。

　筆者らは，NPO 日本下水文化研究会が衛生環境改善に取り組むバングラデシュ第三の都市クルナの都市スラムにて，地域住民の日常行動を通じた糞便曝露と下痢リスクに関する調査データを活用し，住民向けの衛生教育ワークショップを実施した[8]。このワークショップの趣旨は，具体的な技術や施設を導入あるいは改善すべき衛生行動を外部者が指導するのではなく，外部者は指導者ではなくファシリテーターとしてかかわり，下痢のリスク要因に関するデータをわかりやすい形で住民に提供することで，住民自らが下痢を低減するための水・衛生対策を検討し，もって，衛生意識と行動の変化を促すことにあった。

　ワークショップの手順は，具体的には，何が糞便の口への主要な運搬媒体（曝露媒体）であり，どんな行動が下痢のリスクとなっているかを住民自らが考えることから始まる。つぎに，住民が考えた結果と，筆者らの実測調査に基づく

これらの推定量とを比較する。さらに，どんな対策が下痢のリスク低減に重要なのかを住民自らが立案・提案する構成とした。リスク情報の提供は，イラストなどを用いて視覚的な形を心がけて行うとともに，可能なかぎり住民の発言を促しながらワークショップを進めた（写真5-11）。

写真 5-11　衛生教育ワークショップの様子

　ワークショップにおいて，糞便に汚染され，自分たちの口へ糞便を運ぶ媒体となっているものとして，住民たちがあげたのは，食べ物，ゴミ，飲み水，手指，およびトイレであり，下痢リスクの高い行動としてあげたのは，リスクの高いと思う順に，汚い水を飲む，裸足でトイレに行く，汚いものを食べる，トイレのあとに手を洗わない，料理の前に野菜をあわらないなどがあげられた。いっぽう，調査の結果として，主要な曝露媒体として推定されたのは，池水，土壌，コップ，手指，飲み水，食器，食べ物であり，下痢リスクの高い主要な行動として推定されたのは，汚染された池での水浴び・水遊び，汚染された土壌が広がる広場での土遊び，汚れた容器を用いた飲水であった。住民による曝露が大きい媒体の予想は，直接的に糞便曝露をイメージしやすい媒体である食べ物および飲み水，あるいは身体（手指や足）の汚れなどに集中した。これには一定の合理性が認められるものの，いっぽうで，糞便を垂れ流しにして汚染された水や土壌を，日常の水浴びや土遊びを通じて摂取していることに対する関心は低く，汚染された生活環境のなかで活動することで生じるリスクが軽視されていることがうかがえた。

　さらに，住民が予想した結果および調査結果との比較をふまえ，下痢を低減するために，15の対策が住民により立案・提案された。数週間後に対策の実施状況を聞き取りしたところ（表5-1），ワークショップ後から新たに実践している割合が高い順に，汚い場所で遊ぶことを避ける，汚い手で食器を触らない，爪を清潔に保つ，石鹸で貯留水の容器を頻繁に洗うなど，調査によりリスクが

高いとされた行動に関連し，ワークショップ前には関心が薄かった周辺環境や食器・容器などにも関心が向いたことがうかがえた。

このワークショップの目的は，住民の衛生意識の向上や水・衛生に関する行動変化を促すことであった。

表5-1　ワークショップ後に新たに実践しはじめた衛生行動

行　動	新たな実践者の割合（%）
汚い場所で遊ぶことを避ける	35.9
汚い手で食器を触らない	17.9
爪を清潔に保つ	15.4
石鹸で貯留水の容器を頻繁に洗う	15.4
ゴミを周りに捨てない	12.8
飲料水に鶏やアヒルを近づけない	12.8
野菜を生食する前や料理の前に洗う	7.7
貯留水の容器に蓋をする	5.1

住民は積極的に議論へ参加し，数週間後に実施したワークショップの満足度調査でも総じて満足度が高かった。実際には下痢につながる大きな要因でありながらも，これまであまり関心がもたれてこなかった事項に関して，自分たちの予想と定量的な調査データを照らし合わせて考えることで，実感をもって水・衛生の不備による糞便汚染と下痢の関係を考え，自ら対策を導き出し，その一部はワークショップが終わっても実践されていた。本事例における住民参加型で定量的なデータを利用したワークショップによる衛生教育には，一定の効果が認められた。教育が水・衛生介入を促す1つの事例といえるだろう。

(3) 課題と可能性
①先人に学ぶ

世界の水・衛生を考える際に，かつての日本が水・衛生問題にどのように対処してきたのかは，近代的なインフラ整備とは異なる意味で学ぶことも多い。たとえば岐阜県の郡上八幡では，伝統的な水利用システムとしてカスケード（直列）型の水利用システムが古くから利用されており，今も一部残っている。これは，複数の槽を直列で高低差をつけて並べ，湧水などを上から順に流し，上部の槽から下部の槽に向かい，求められる水質が高い用途の順に，あるいは水の汚染が進みにくい順に使う。たとえば，最上部の1槽目は飲み水，2槽目はコメなどの洗い場，3槽目は野菜などの洗い場，4槽目は桶などを水にさらす

写真 5-12　郡上八幡の宗祇水

図 5-6　大根と下肥を交換する農民
出所：諸国道中金の草鞋より

ために使う，などである（写真 5-12）。現在の工業生産現場でのカスケード型の水利用（水の繰り返し利用）はこれに通じるものである。

　かつての日本では，し尿を垂れ流すことはなかった。なぜならば，し尿は下肥と呼ばれ，貴重な肥料として農業に利用されていたからである（図 5-6）。江戸は当時の世界最大級の都市であったが，ヨーロッパの大都市がし尿汚染に苦しむなか，江戸には清流が流れていたといわれる。むしろ，長屋の主人は借家人のし尿を集めて農家に売ることで稼ぎを得ていた。エコロジカルサニテーションでめざしているような，し尿資源の循環がかつてはあったのだ。

　水にせよ，サニテーションにせよ，現代の高度なインフラに囲まれた生活に慣れると，それらのサービスは当たり前になっていて，現代において私たちの水・衛生がどのように対処されているのかが思い起こされることすら少ない。しかし，先人たちは水・衛生問題に対処するためさまざまな工夫をしていたのである。彼らがどのように水・衛生問題と付き合ってきたかを学ぶことは，水・衛生問題の解決の方向性を考えるうえでのヒントを与えてくれるように思う。

②日本版 SDGs における目標 6

　現代の日本では，ターゲット 6.1 および 6.2 はほぼ 100％達成されている。しかし，目標 6 のなかには飲料水やサニテーションを拡張した広範囲な目標も

含まれている。日本国内にも飲料水やサニテーションの問題は一部あるが，拡張された部分の問題に関連するものは多い。

　日本版SDGsともいうべき「持続可能な開発目標（SDGs）実施指針」が，2016年12月に政府のSDG推進本部にて決定された。そこでの8つの優先課題のうち，目標6に関連する施策を抜粋したのが表5-2である。水に関する事項は，これまで上水，下水，農業用水，工業用水，地下水，環境水などによりさまざまな府省庁にまたがっていた。流域での水循環の視点からこれらを総合的かつ一体的に管理することをうたう水循環基本計画は2015（平成27）年に閣議決定されたばかりであり，水循環の視点からの管理はターゲット6.5（統合的水資源管理）を進めるうえで重要である。また，気候変動による降雨パターンの変化などが予想されるなか，さらには人口減少による地方部でのインフラ維持管理の困難さが増すなか，水資源の安定的・効率的な供給を実現するためにもターゲット6.4（水利用効率の改善と持続的な取水）は今後重要な課題であろう。さらに，現在日本では，1100万人がし尿のみを処理する単独浄化槽を，660万人が汲み取りトイレを使用し[9]，これらの人口分のトイレ排水以外の雑排水は未処理で放流しているものとされる。し尿を主眼としたターゲット6.2（安全に管理されたサニテーション）はすでに達成されているものの，雑排水を処理する

表5-2　日本版SDGs実施指針のうちで目標6に関連する施策

場　所	施　策	該当目標6
国内	健全な水循環の構築に向けた取組の推進	6.5
国内	水資源開発施設の建設・維持管理による安定的な水資源の供給	6.1, 6.4, 6.5
国内	汚水処理の普及促進	6.2, 6.3
国外	質の高いインフラ投資の推進	6.3, 6.a
国内	化学物質対策	6.3
国外	下水道分野の国際展開の推進	6.3, 6.a
国外	化学物質対策	6.3
国外	大気汚染・水環境対策	6.3
国外	浄化槽グローバル支援事業	6.3
国外	アジア地域における環境アセスメントの促進	6.3

注：持続可能な開発目標（SDGs）実施指針（2017年外務省）より抜粋・要約

ための下水道，集落排水，浄化槽の整備は，ターゲット6.3（排水処理と水質の改善）に合致する日本の重要な課題といえる。

国外での施策では，すべての項目がターゲット6.3（排水処理と水質の改善）に関連している。たとえば，日本の環境省が提唱した事業であるアジア水環境パートナーシップ（WEPA）はアジア13カ国のパートナーシップのもと設置されたネットワーク事業だが，2014年からは排水管理にフォーカスした第3期の活動を開始している。排水管理にかかる技術や仕組みの，とくに途上国への輸出は，今後も国外でのターゲット6.3に関する施策の中心に添えられるだろう。

③私たちにできること

日本が政府としてめざす目標6関連の行動は，インフラの整備やその海外輸出など，必ずしも日常の生活で一般市民が大きく貢献できることばかりではない。一般市民が目標6について日本で何ができるかを考える際には，まずは，グローバルな水・衛生の現状を知ることが国際社会の一員として重要だろう。とくに，ターゲット6.1および6.2は日本の日常生活からは感じにくい問題であるからこそ，教育としてこれを伝えることは重要であろう。

ターゲット6.3以降の広範な目標6を考えれば，私たちの生活からも広い意味で目標6に貢献できることは多くある。自分の使う水がどこから来て，どのぐらいの量を使って，排水はどこに流れ，どのように処理され，そしてどこに放流されているのか。各人がこれを知ることは，まさに水・衛生を考え直すきっかけとなりうる。そのうえで，たとえばターゲット6.3（排水処理と水質の改善）であれば，下水処理や水環境に負荷をかける天ぷら油を下水道や浄化槽に流さない，ターゲット6.4（水利用効率の改善）であれば，家庭での節水を心がけるなど，目標6の理念に合致するさまざまな身近な行動も考えられるだろう。こうした身近な行動は，環境教育が目標6への貢献策を具体的に示せる部分でもある。

さらに，参加型の環境教育活動も，広範な目標6に貢献する。その例として，長野・岐阜・愛知を流れる矢作川の例をあげたい。昭和40年代に汚濁が進んだ矢作川では，下流の農業団体と漁業団体とにより「矢作川沿岸水質保全対策

協議会」が組織され，流域一体的に地域ぐるみの改善が進められた。現在では「矢作川方式」と呼ばれる独自の流域管理システムとして評価されているが，このなかで，豊田市の小学校が 1976（昭和 51）年から毎日矢作川の水の透視度を継続的に計測してきた [10]。現在（2019 年 5 月）までに 1 万 5000 日以上計測されていることは驚くべきことである。小学生への環境教育であるばかりか，得られた計測結果は長期にわたる一貫する貴重な水質データであり，統合的水資源管理の推進（6.5），水に関連する生態系の保護・回復（6.6），地域コミュニティの参加支援・強化（6.b）におおいに貢献した事例といえる。

　国外での目標 6 に日本国内での日常生活を通じて貢献することもできる。たとえば，食料輸入国において，その輸入食料を生産する場合に必要な水の量はバーチャルウォーター（VW）といわれる。また，製品やサービスを使用するときのみならず，これらのライフサイクル（原料採取，生産，消費から廃棄まで）に使われる水の総量はウォーター・フットプリント（WF）で表される。VW あるいは WF について学び，VW あるいは WF を考えて農作物や製品・サービスを購入することは世界の目標 6 に寄与することでもある。

　さらには，日本でも災害時には，基本的な水・衛生が問題となる。東日本大震災では，一時，220 万もの世帯で水道が使えず，多くの水洗トイレが使用不能となった。仮設トイレの設置は行われた一方，多くの人が野外などトイレ以外での排泄を余儀なくされた。災害時の水・衛生は重要な目標 6 につながる課題である。災害時の水・衛生について平時から学び，備えることが求められよう。

　最後に，私たちに何ができるかを考えるときに舞台を日本に限る必要はない。多くの途上国では水・衛生は今も喫緊の課題である。その解決のために，国際舞台で活躍する日本人も多い。途上国の水・衛生の現状を体験する一般市民向けの海外スタディーツアー，あるいは体験にとどまらず一定の貢献をする海外ボランティアなどの教育機会も存在している。日本国内にとどまることなく，海外の現場に出て水・衛生問題の解決に挑む人材が育っていくことが期待される。

注

1) Rose, C., Parker, A., Jefferson, B., & Cartmell, E. (2015). The Characterization of Feces and Urine: A Review of the Literature to Inform Advanced Treatment Technology. *Crit Rev Env Sci Tec*, 45 (17), 1827-1879.

2) UNICEF (2016) Collecting water is often a colossal waste of time for women and girls.

3) http://japan.unwomen.org/ja/news-and-events/in-focus/sdgs/sdg6

4) WaterAid (2012) 1 in 3 women lack access to safe toilets: A briefing from WaterAid, Brief Note, WaterAid.

5) 日本政策投資銀行 (2016)「わが国下水道事業—経営の現状と課題」。

6) 原田英典・内海秀樹・松田知成・Uno Winblad・小野了代・Duong Trong Phi, 松井三郎 (2004)「ベトナムダンフォン村における衛生改善活動」『環境衛生工学研究』18 (2), 22-30。

7) Harada, H., Mchwampaka, D. A., & Fujii, S. (2018). Long-term Acceptability of UD-DTs: A Case Study in Rural Malawi. Sandec News. Duebendorf: Eawag/Sandec.

8) 後藤正太郎・原田英典・酒井彰・Md. N. Ahsan・Q. Azaduzzaman・高村哲・藤森悠司・藤井滋穂・田中周平 (2015)「バングラデシュ国スラム地区における下痢症リスク経路データを活用した衛生改善ワークショップ」『第13回下水文化研究発表会講演集』13, II-7-II-12。

9) 環境省環境再生・資源循環局廃棄物適正処理推進課 (2019)「日本の廃棄物処理」。

10) 環境庁 (1996)『環境白書』。

(実 践)　安全な水を守る実践

―琵琶湖への愛着を育む環境教育―

　滋賀県内の小学校で琵琶湖の環境をテーマにした環境教育プログラムの開発・実践に約 20 年間たずさわってきた。子どもたちが安全な水を湛える琵琶湖を守ろうとする意識をもって行動していくには，郷土への愛着や誇りを高めることが重要であると考えている。琵琶湖にかかわる市民活動，滋賀の環境教育の概要について述べ，自ら実践してきた滋賀の郷土料理を切り口にした小学校における環境教育の実践を紹介する。

1 琵琶湖を守る取り組み

　「Mother Lake 母なる湖，琵琶湖。預かっているのは滋賀県です」。

　これは，滋賀県のスローガンである。人々は，古来より琵琶湖の水の恩恵を受け，湖と共生しながら暮らしを営んできた。現在，琵琶湖の水は，滋賀県・大阪府・京都府・兵庫県で生活用水，工業用水，農業用水として利用され，近畿 1450 万人の命を支えている。滋賀の人々にとっては，琵琶湖の魚貝類は食料源として重要であった。魚貝類を食材にした郷土料理は数多く存在し，世界でも類を見ないほど発達した湖魚食文化が残っている。人々の命を育む琵琶湖の水や生き物を守ることは，琵琶湖を預かる地域の大きな使命である。

　琵琶湖は 100 万年以上にわたって，清澄な水を保ってきたが，1960〜70 年代にかけて，水質汚濁の兆しがみえはじめ，1977 年には全域で大規模な淡水赤潮が発生した。富栄養化現象が顕著になるにつれて，滋賀県民は琵琶湖の安全性に危機感をもつようになった。日本が高度経済成長時代に入り，工業化が進み，生活スタイルが大きく変わったころである。工場・生活・農業排水や降水からの栄養塩類の負荷が増大し，急速に人為的富栄養化が進行した。また，湖辺の不適切な改変が自浄作用を奪ってきたことも原因である。

　滋賀県では 1970 年ごろから本格的に市民活動，とりわけ，石けん運動が合成洗剤による健康被害を心配した婦人団体などによって始まった。石けん運動は，1977 年に赤潮が発生したことによって加速され，水質を守る運動に変わっていった。この運動に多くの市民が同調し，翌年に，「びわ湖を守る粉石けん使用推進県民運動」県連絡会議（石けん会議）が結成された。行政も巻き込んだ大きなうねりとなり，1979 年に，「滋賀県琵琶湖の富栄養化の防止に関する条例」の制定につながった。翌年，条例は施行され，施行された 7 月 1 日を「びわ湖の日」と定め，県内各地の自治体や学校，企業などで「びわ湖を美しくする運動」に取り組んでいる。

　石けん運動は，その後も全国的な広がりをみせ，1984 年には「湖沼水質保全特別措置法」が制定された。石けん会議は，その後，「びわ湖を守る水環境保全県民運動」県連絡会議（びわ湖会議）と名称を変えて活動してきたが，2008 年に 30 年間続いた活

動の歴史を閉じた。この運動は琵琶湖でおきた衝撃的な赤潮の発生という環境問題に端を発して大きなうねりとなって展開され，富栄養化の進行に一定の歯止めをかける大きな役割を果たした。石けん運動後は，市民活動は質的に転換し，多数の市民が団結して動いたスタイルから，集団で学習したり，研究したりしながら，地域の環境問題の解決を視点においた地道な活動スタイルが主流になっているが，環境に関心をもち，何らかの形で問題解決にかかわっていこうとする人やグループは増えてきている。その後，市民，行政，農業・漁業関係者，企業，研究者などのそれぞれの努力や下水道の整備が進んだかいがあって，最近，琵琶湖の水質は改善傾向がみられ，赤潮の発生はここ 10 年みられていない。

② 琵琶湖から世界への発信

　世界各国の湖沼で，人口増加や工業化をはじめとする開発により自然の浄化機能を超える汚濁負荷が生じ，生態系と水質がにわかに悪化してきた状況のなかで，1984年に滋賀県大津市で，「湖沼環境の保全と管理―人と湖の共存の道をさぐる―」をテーマに「世界湖沼会議」が開催された。この会議の提言を受け，1986 年に「国際湖沼環境委員会（ILEC）」が琵琶湖畔に設立された。ILEC は今日に至るまで，世界の湖沼環境の健全な管理と，これと調和した持続的開発のあり方を求めて国際的な知識交流と調査研究を進めつつ，ほぼ 2 年ごとに開催される世界湖沼会議の主催に一翼を担っている。湖沼会議は，世界の諸都市で開かれ，2018 年 10 月に茨城県つくば市で開かれた会議で 17 回を数えた。この間，琵琶湖の水の安全を守るために取り組んできた事例を世界に発信しつづけている。ILEC の果たしている役割は大きい。

　ILEC はまた，1989 年から「水環境を素材とした環境教育」（6 カ国ネットワークによる実践）を皮切りに環境教育事業にも取り組み，2000〜2013 年には JICA が初めて開発途上国から環境教育に関する研修員を受け入れた事業「水環境を主題とする環境教育」コースを担当した。さらに，2016〜2019 年には滋賀県の事業「ラムサールびわっこ大使」（2008 年に滋賀県によって始められた事業で，毎年，選ばれた小学 5・6 年生の代表が，体験を通して学んだ琵琶湖の恵み・宝・価値を国内外の人々に伝えるという役割を担っている）を積極的に支援してきた。湖沼会議においても，環境教育をセッションに位置づけたり，子ども会議を企画したりして，湖沼の保全・再生に環境教育の役割が大きいことを強調してきた。

世界湖沼会議に参加するびわっこ大使の子どもたち（中国・武漢）

1980 年ごろは，琵琶湖の水質悪化に対する危機意識が高まり，環境教育の重要性が一層認識されはじめていた。1980 年には，県下の小学校 15 校，中学校 10 校，高等学校 5 校が環境教育実践推進校に指定され，環境教育の充実が図られるようになった。この年，環境教育副読本『あおいびわ湖』（小学校編），『あおい琵琶湖』（中学校編），『琵琶湖と自然』（高等学校編）が発行され，改訂されながら今日まで授業などで活用されている。実践推進校は，1996 年に環境教育モデル校，2001 年からはエコ・スクールと制度を変えながら，多くの学校で環境教育を進めるという役割を担っている。のちに詳述するように，琵琶湖の環境学習に大きな役割を果たしている学習船「うみのこ」が 1983 年に就航し，びわ湖フローティングスクールが開校した。

2004 年 4 月 1 日に，「滋賀県環境学習の推進に関する条例」が全国初の環境学習推進条例として施行された。同年 10 月に，「滋賀県環境学習推進計画」が策定され，環境学習を推進するにあたっての基本的な考え方や方向性について定められた。現在は，第三次推進計画（2016 年 4 月〜2020 年 3 月）のもとで取り組みが進んでいる。「暮らしと琵琶湖のつながり再生」と「生物多様性の保全」についての学習推進の 2 つが重点項目としてあげられている。2015 年 9 月には，「琵琶湖の保全及び再生に関する法律」が公布・施行され，国民的資産である琵琶湖の水質や生態系の保全・再生のため，琵琶湖の自然環境に関する教育の充実に必要な措置を講ずることが，国や関係自治体の努力目標として定められた。

県下の小学 5 年生全員が船上で一泊二日の学習に取り組む事業で，各学校が工夫して取り組む環境学習が展開されている。この事業により県下の小学校全児童が琵琶湖を体感し，環境について学ぶことができている。1983 年の就航以来，県民の 39％にあたる 55 万人を超える子どもたちが琵琶湖について学んできた。2018 年には，船の老朽化に伴い新船が造船され二代目の学習船「うみのこ」が就航した。滋賀の子どもたちが琵琶湖と出会い，知り，触れたり，環境を改善していきたいという意識を醸成したりするきっかけとなるなど重要な役割を果たしている。

筆者は，3 年間，びわ湖フローティングスクールの教員として勤務した経験がある。「うみのこ」には，年間約 1 万 5000 人の小学 5 年生が乗船するが，子どもたちに 2 つの質問をするようにしていた。「どんな琵琶湖になってほしいですか」と尋ねると，口を揃えて，「美しい琵琶湖・きれいな琵琶湖になってほしい」と回答する。次に，「美しい・きれいな琵琶湖になったらあなたは何がしたいですか」と聞くと，なかなか回答がない。つまり，きれいな琵琶湖をめざすことがゴールで，きれいになったら何がしたいか，何のために琵琶湖の環境を守るのかがイメージできない子が少なくない。この質問に回答するには，琵琶湖とのかかわりから生まれる愛着や，環境問題を自分とのかかわりからとらえることが必要であろう。琵琶湖の環境を守りたい理由が明確に自分の言葉で語れる子たちを育てたいと日々考えていた。

5 　琵琶湖の価値を知る教育

　1980年ごろの琵琶湖は，富栄養化が進み，透明度も低い状況であった。水質改善は県政の喫緊の課題で，学校における環境教育でも汚れた琵琶湖を再生するためにはどうすべきかといった学習問題が取り上げられることが多かった。しかし，富栄養化問題が少しずつ改善されてきた今も依然「汚い琵琶湖を何とかしよう」という意識をもたせる古い実践が少なくないと感じている。このような実践は，子どもたちに「琵琶湖」＝「汚い」というイメージを強くもたせることにつながり，琵琶湖への愛着形成という視点から考えるとマイナスであるように思う。むしろ，琵琶湖のすばらしさを強調し，価値（宝）を守るという視点に立った学習が有効であると思っている。

　昔から県民が感じてきた琵琶湖に対する愛着とは，どこからくるのだろうか。琵琶湖は，今の子どもたちが答えがちな，景観やレジャーといった楽しみの場というよりも，昔の人にとって琵琶湖は，飲み水や食べ物を提供してくれて，命を支えてくれる生活の場であった。その暮らしを支える湖へは愛着や誇りはもちろん，畏敬の念や感謝さえも感じていたように思う。今の子どもたちをみていると，水道の蛇口から出る水が，琵琶湖の水であると意識することもほとんどないし，食事で供される淡水魚が琵琶湖産であることを知らない子どもも少なくない。昔の人が身近に感じていた琵琶湖は，今の子どもにとって遠い存在になってしまっているのではないだろうか。琵琶湖の魚貝を食材とした郷土料理を切り口にした環境教育プログラムを実践することで，子どもたちに琵琶湖の水や魚貝といった恩恵に支えられている暮らしがあることを気づかせ，遠くなりつつある琵琶湖を身近な琵琶湖に変えることができるのではないだろうかと考え，実践を行っている。以下に，学校で実践している事例を紹介する。

6 　草津市立渋川小学校における実践

（1）地域の人々とつくる『渋川ESD（いいまち・しぶかわ・だいすき）ミュージアム』

　草津市立渋川小学校は，周辺地域の都市化による人口増加に伴い2003年に開校された。渋川学区は，急激な開発により自然が失われたことや，転入者が多く，人と人とのつながりが希薄なこと，それに伴って地域への愛着が育ちにくいことなど，まちづくりのうえで課題がある。こういった背景のなかで，環境教育のねらいとして，子どもたちは地域の身近な自然や暮らし，文化について学び，学びを通して，人と人とのつながりを創出し，ふるさとへの愛着や誇りを深めることとしてきた。環境教育のプログラムは，教員だけではなく，保護者，地域，行政，研究機関，企業が参加した環境教育の支援委員会を組織し，検討を重ねながら作成・実践し，地域協働で取り組む環境教育を持続可能なまちづくりを担う次世代育成ととらえ推進してきた。

　全校児童が，環境学習に取り組んだ成果をまとめ，『渋川ESD（いいまち・しぶかわ・だいすき）ミュージアム』を毎年開設している。地域の人々に情報を発信することで，さらなる人と人とのつながりづくりや交流を深める場となっている。ここでは，5，6年生を対象に実践した事例を紹介する。

(2) 5年生の実践授業

単元名を「滋賀の郷土料理について学ぼう―地域の人々とつくる『滋賀の郷土料理博物館』―」とし，総合的な学習の時間を活用して授業を行った。滋賀の郷土料理には，ふなずしをはじめ琵琶湖の魚貝に支えられた多数の料理があることが特徴である。地域の暮らしや行事と結びついた郷土料理も多い。郷土料理について学ぶ学習は，ふるさとの人の暮らしや文化を知ることであり，食材を生み出す自然環境，とくに琵琶湖の保全につい

郷土料理学習で伝統野菜の日野菜を栽培する子どもたち

て考えるきっかけとなる。学習は，子どもたちに郷土料理のおいしさや価値に気づかせ，その伝承のために考え，行動することで自分の生まれ育った郷土への愛着を深めさせることをねらいとした。

取り上げた郷土料理は，多くある郷土料理のなかから，とくに価値が認められ，無形民俗文化財として「滋賀の食文化財」に選定されている「湖魚のなれずし」「湖魚の佃煮」「あめのいおご飯（ビワマスの炊き込みご飯）」「でっちようかん」「日野菜漬け」である。郷土料理に詳しい漁師や専門家，農家の方々をゲストティーチャーとして招き，話を聞き，料理体験を行い，試食するといった方法で授業を進めた。農家の方々などと出会って話を聞いたり，実際に伝統野菜を栽培したり，料理を一緒につくって食べたりしながら学びを深めてきた。そして，食べる機会が減りつつある郷土料理を伝えていくために校内に「滋賀の郷土料理博物館」を開館し，その魅力を発信してきた。さらに，滋賀県庁や草津市役所，公民館や地元ショッピングモールなどで巡回展を開催し，数千人に成果を発信することができた。また，郷土料理のおいしさを伝えるために，郷土料理の試食交流会を企画し，地元自治会や企業，高校などを回るなどしてきた。この取り組みを知った滋賀県知事や草津市長にも郷土料理を食べてもらう機会を得た。

(3) 6年生の実践授業

6年生では，郷土料理学習を発展させて郷土料理の食材を生み出す滋賀の農林水産業について学んでいる。滋賀県がめざしている「琵琶湖と共生してきた農林水産業」の「世界農業遺産」への登録と関連づけて，この学びを「世界農業遺産学習」と呼んでいる。漁師や専門家，農家の方々，行政担当者をゲストティーチャーとして招き，琵琶湖の伝統漁法や，「魚のゆりかご水田」や環境こだわり農法，世界農業遺産について学んだ。日頃，食べる機会が減ってきた湖魚料理の試食も取り入れた。

滋賀県では，びわ湖フローティングスクール事業の「うみのこ」以外にも「やまのこ」「たんぼのこ」という環境教育の事業を実施している。「やまのこ」では，全小学

校が，琵琶湖の水を生み出す山のめぐみについて山の施設に出かけて学習する。「たんぼのこ」では，地域協働で米づくりを体験する。本学習では，これらの体験事業での学びの総仕上げとして山，川，里，琵琶湖という環境のつながりや，産業のつながりに学ぶという視点も大切した。さらに学んだことを「滋賀の郷土料理博物館」にまとめて展示するだけではなく，ICT機器を活用したテレビ会議システムを使って北海道から沖縄まで全国12カ所の小学校や環境教育施設に学び発信したり交流を深めたりした。県外との交流を通して外から滋賀をみる経験が，他県を尊重する態度と同時に郷土への愛着の深まりを生むことにもつながった。

　子どもたちが，博物館や地域や他県との交流を積極的に行ってきた行動から，郷土料理を通じて，遠くなりつつあった琵琶湖は身近な存在になり，琵琶湖のもっている価値（宝）を認識させることができたと評価している。地域の人々との交流を通じて，世の中に役立っているという意識が子どもたちのなかに芽生え，そのことがともに活動した人々への感謝の念へとつながってきている。

7 「びわ湖会議のこころ」の継承

　今から40年前，琵琶湖が汚れてきたことに対して，県民がなんとかしたいと行動した「石けん運動」が県全体に広がり，琵琶湖条例の制定につながった。また，当時から県民の思いは，次世代育成にも向けられ，教育の分野においても多様な実践が生まれてきた。筆者は，びわ湖フローティングスクールで学習航海を締めくくる閉校式の挨拶のなかで子どもたちに以下のように呼びかけていた。「30年前『うみのこ』が就航した当時は，琵琶湖は今より汚れていたが，水質は徐々に改善されつつある。この船で学んだ先輩たちが琵琶湖のことを好きになり，日々の行動を少しずつでも改めた結果であろう。皆さんも滋賀県民として琵琶湖を大切に思い，守れる人になってほしい」と。大人になったとき，子どものころの琵琶湖での体験や人とのあたたかいつながりの記憶が，琵琶湖を守る行動を支える原動力となるであろう。

　2008年の最後の「びわ湖会議」で，「びわ湖会議のこころ」というテーマでディスカッションが行われ，筆者も参加した。滋賀県民は長きにわたりきれいな琵琶湖の水を飲み，その水で生活し，湖の生き物を獲って暮らしてきた。琵琶湖とともに暮らしがありそのなかで深い愛着が形成されてきた。県民の行動の原動力は，琵琶湖への愛着と誇りであり，安全な水を守るという強い決意の表れである。「びわ湖会議のこころ」として，「琵琶湖への愛着や誇り」と「人と人とがつながることの大切さ」を今後も教育を通して伝えていきたい。

※本コラムを執筆するにあたり，川嶋宗継滋賀大学名誉教授に多岐にわたり助言をいただいた。また，渋川小学校における教育実践は，全教職員の協力の賜である。助言・協力に深謝します。

終　章

SDGs の教育

① SDGs の広がりと課題

　2015 年に「我々の未来を変革する」と題されたアジェンダが国連で採択され，国内の企業や学校，官公庁などさまざまな場面で SDGs を目にすることが増えてきた。「アジェンダ 21」や「ミレニアム開発目標」が採択された当時とは比較にならないほど，多くの人が関心をもち，SDGs に共感をもっている現状は歓迎すべきことだろう。現在，SDGs に取り組みはじめた企業や学校，自治体などの多くは，今までの既存の取り組みを 17 の目標に当てはめていく「紐づけ」を行っている。紐づけの作業を通じて，自分たちの活動と SDGs がつながり，身近な課題として持続可能性について考え，行動を始める人が増えているようだ。

　しかし，SDGs の達成に求められているのは「変革」である。現在の延長線上で問題をとらえているかぎりブレークスルーは起こらないのではないか，既存の取り組みを SDGs に当てはめていくだけの限界をどう乗り越えたらよいのだろうか，私たちの取り組みはこのままでよいのだろうか—そのような懸念や疑念の声がささやかれはじめている。

　今，そして，これから，何が必要なのだろうか。

　本書は，このような SDGs をとりまく課題に「教育」という観点からアプローチを試みたシリーズの第 1 巻である。すでに序章で述べられたように，教育は「SDGs を達成するためのツール」であり，持続可能な開発のための教育（ESD）は，その中核に位置するものである。教育は，SDGs のすべての目標を達成するために重要な役割を果たすものだといえる。しかし，同時に「教育」は SDGs の 17 ある目標のうちの 1 つ，なおかつ同時に SDGs がめざす未来で達成すべき重要な価値と関連している。

アジェンダ 2030 の前文には，めざすべき世界像や今日の世界がかかえる課題が明示されており，それぞれの目標の背景やアジェンダ全体を貫く理念，めざすべき未来の姿やその本質が述べられている。たとえば重要な要素として「人間 (People)」「地球 (Planet)」「繁栄 (Prosperity)」「平和 (Peace)」「パートナーシップ (Partnership)」が「5 つの P」として掲げられており，そのなかでも本書で取り上げた目標 1〜6 に関連深い「人間 (People)」については，次のように書かれている。

> 人間
> 　我々は，あらゆる形態及び側面において貧困と飢餓に終止符を打ち，すべての人間が尊厳と平等の下に，そして健康な環境の下に，その持てる潜在能力を発揮することができることを確保することを決意する。
>
> People
> 　We are determined to end poverty and hunger, in all their forms and dimensions, and to ensure that all human beings can fulfil their potential in dignity and equality and in a healthy environment.

　「すべての人が潜在能力 (potential) を発揮できること」を決意したと書かれているが，ここに教育の果たすべき役割が端的に示されているのではないだろうか。

　教育の本質の 1 つに「その人の可能性を拓くことを支援する営み」というのがある。私たちが，自らの可能性を花開かせようとするとき，学ぶことや教育を受ける機会は，多くの手助けとなるだろう。新たな言葉を知ることで私たちの世界は大きく広がり，新たな道具を使いこなせるようになるとき，私たちの世界は大きく広がる。社会に参画したり，何か新しいものを生み出していくことにつながっていく。仲間と協力しあったり，合意を形成したりして困難な状況を克服する力も，さまざまな経験や学習を通じて後天的に身につけるものである。教育とは，このように〝その人がその人らしく生きていく，いまはまだ眠っている可能性 (潜在能力：potential) を拓き，手助けする〟という確かな役割がある。そしてそのような学習や教育の機会が，公平のなかで実現すること

がSDGsには明記されている。つまり，SDGsにおいて，教育とはすべての目標達成のツールであるとともに持続可能な社会において不可欠な価値と強く結びついているものなのである。

　では，SDGsにおける「教育」とはどのようなものなのか。目標4「教育」には7つのターゲットが設定されており，その内容をみると就学前から高等教育，そして成人基礎教育までを広く含んでおり，すべての子どもたちはもちろん若者や大人たちも含めた，全年齢のすべての人を含む広範で，包括的な目標となっている。就学前から成人期以降までを含み，学校教育，社会教育，家庭教育（フォーマルエデュケーション，ノンフォーマルエデュケーション，インフォーマルエデュケーション）のすべての領域を含む，まさに，本来の意味での生涯教育（生涯にわたる教育）が対象になっている。そして，SDGsの前文には，「誰一人取り残さない（Leave no one behind）」という理念が掲げられているが，まさにそれを体現したような目標になっている。

２ SDGsの教育をとらえる「4つの視点」

　さて，教育が「SDGsを達成するためのツール」であると同時に持続可能な社会におけるめざすべき目標そのものであり，生涯教育のすべての分野に至るものであることが確認できた。しかし，それはあまりに広範で多様な教育や学習活動を含み「なんでもあり」のようにも思えてしまう。

　そこで，本書の内容を振り返りながら試論的に「SDGsの教育」をとらえる「4つの視点」を提起したい（図6-1）。

（1）SDGsを知るための教育

　「SDGsを知るための教育」は，SDGsとは何か，どのようにして，なぜつくられたものなのか，そのめざすところや具体的な17の目標や196のターゲットについて学ぶ教育である。これは入り口にあたる段階で，それぞれが今まで取り組んできたことや関心のあることを17の目標や各ターゲットに当てはめてみるような「タグ付け」の作業もここに入る。「2015年につくられた世界共

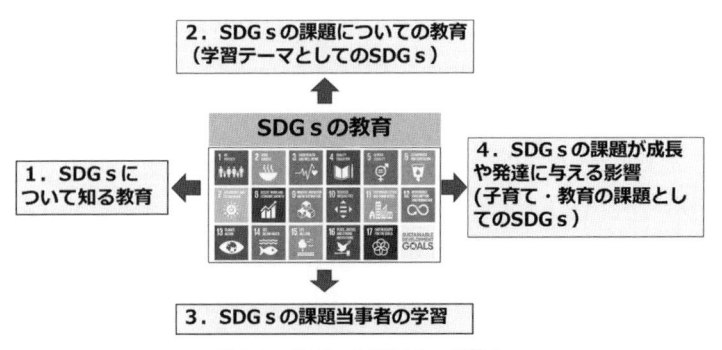

図6-1　SDGs の教育４つの視点

通の目標ですよ」という簡易的な解説を学ぶレベルから全文を含めアジェンダ全体を読み込むものまで「SDGs を知る教育」にも深め方に幅がある。学習する人の年齢や関心，理解度に応じて展開の仕方に工夫することができる。どの段階でも，参加型で学ぶ教材は有効である。なお，本書では各章の冒頭に目標とターゲットを掲載し，SDGs について知ることから始められるようにした。

(2) 学習課題・学習テーマとしての SDGs

　17 の目標の背景となっている社会的な課題について学ぶのが「SDGs で扱うテーマについての教育」である。これまでも，貧困や飢餓について，健康やジェンダーについて，あるいは環境やエネルギーについて，学習する機会や教育活動があっただろう。17 目標の１つひとつを「教育テーマ」としてとらえるのが，この「学習課題・学習テーマとしての SDGs」というとらえ方である。

　それぞれの課題について，深く掘り下げながら現状や原因，解決策を学ぶ教育には，多様な展開がありうるだろう。また，１つの目標について学びながら，ほかのゴールとの関連を見いだすことも重要である。本書では，各章の冒頭で17 の目標をテーマに教育を行う際にポイントとなる用語や問題の本質を解説しており SDGs を掘り下げて学ぶことができるようになっている。

(3) SDGs の課題当事者の学び

すでに何か生きづらさや困難をかかえていて，その自分自身のかかえた問題が，SDGs へとつながる場合もあるだろう。「SDGs の課題当事者の学び」とは，そのような課題当事者の学びとそれを支援する教育が含まれる。たとえば，貧困は社会の課題であり，貧困とは何か，いまどのような問題が起きているのか，解決するにはどうしたらよいかを学ぶのは「教育テーマとしての SDGs」である。いっぽう，貧困状態の人がその状態を脱するために，必要な教育もある。たとえばそれは，必要な支援を知りそことつながることかもしれないし，適切な仕事につくための基礎教育や職業訓練の機会かもしれない。それは「貧困を教育のテーマとして学ぶ」こととはちがう教育の役割と形がある。ただし，教育テーマとしての学びと当事者の学びは，無関係ではない。SDG について知り，示されている課題について学ぶなかで，それが自分自身の問題であると気づくことがある。

「当事者の学び」の具体的な事例は，本書の第 1 章以下で紹介している。たとえば第 3 章や第 6 章では多様な立場の人々の学びあいが織りなして，地域の課題である健康問題や衛生問題に取り組み，1 つの未来を生み出している様子が報告されている。

(4) 教育の課題としての SDGs

2017 年に COP24 (国連気候変動枠組条約第 24 回締約国会議) において，若者たちが声をあげパリ協定の実行を後押しした。気候変動をはじめとする環境問題は，子どもや若者たちの未来を脅かすという点において，切実な教育課題でもある。また，貧困や飢餓といったさまざまな困難も子どもや若者の未来に暗い影を落とす。さまざまな社会的課題を解決することなく，「一人ひとりの可能性を拓く」という教育の理想は達成できないのである。このように教育や子どもの発達成長，子どもの権利の観点から SDGs をとらえていくまなざしが「教育の課題としての SDGs」である。

すでに各章でふれられているとおり，教育の場においても SDGs の 17 の課

題は暗い影を落としていることがわかる。貧困だから，女の子だから，あるいはトイレがないから，安全な道路や建物がないからといった理由で教育機会を「すべての人が排除されない，公正で質の高い教育の機会を」という目標に向けて，教育の場において取り残されている人がいないか，私たちの暮らす社会を今一度見直す必要もあるだろう。たとえば日本では，原則として義務教育の対象が日本国民に限るために，外国籍の子どもたちは十分な教育を保障されていないという現実がある。さらに，不登校をはじめとするさまざまな理由によって，義務教育の内容を習得しないまま学齢期を終えてしまう「形式卒業」の問題もある。形式卒業によって，読み・書き・計算といった生活において必須の「基礎リテラシー」の習得が不十分なまま大人になってしまった場合，就業や生活に大きな支障をかかえることになってしまう。しかし，国内には成人期に基礎リテラシーを習得する機会保証がきわめて脆弱である。家庭の経済的事情から中等教育や高等教育へのアクセスが制限されている若者の問題はもちろん，さまざまな人が平等で公正な教育の機会から取りこぼされてしまっている現状がある。教育の場面からすべての目標をとらえていくという視点であり，それは教育がSDGsのすべての目標達成のツールであることとの「コインの両面」でもある。

　以上が，本書においてSDGsの教育をとらえる4つの観点である。「SDGを知る教育」を入り口にして「SDGsの課題をテーマにした教育」へと深めていったり，「当事者としての学習」として取り組んでいくことが考えられる。あるいは，子どもたちをとりまく教育の課題から当事者としての学びを展開したり，より広くテーマ学習として取り組むことも考えられる。SDGsの個別のテーマについて学んだあとで，改めてSDGsをより詳しく学んだり，SDGsのかかえる限界や問題点にも気づいていく学びもあるだろう。4つは独立したり対立したりしているものではなく，関連しあっている。「持続可能な未来をつくり」「一人ひとりの可能性を拓いていく」という共通の目的にむけて，らせん状に教育の質や成果を高めていくものだと考えられる。

「誰一人取り残さない (Leave no one behind)」という理念に反して，現状に
おいては取り残されてしまった人々がおり，そしてその実情はなかなか見えて
こない。しかし，SDGsは私たちの社会がかかえる課題に気づかせ対応を迫る
きっかけにもなる。今までのまなざしで社会の課題をとらえるのではなく，1
つでも新しい知識や情報を得て，世界を見つめてみれば，きっと新たなことに
気づくのではないだろうか。

SDGsは，パリ協定と並んで世界経済や社会に歴史的転換をもたらすといわ
れている。このような時代に求められるのは，持続可能な社会の担い手として
「いま，何ができるか，何をすべきか」を自ら考え (バックキャスティング思考)
行動できるように，人々の力になる支援をする教育であろう。

日本では，「ESDは持続可能な社会の担い手を育てる教育である」と説明さ
れることが多い。「ひとづくり」や「人材育成」ではなく「担い手を育てる」
という表現を使う点に，じつは重要な意味が込められている。

「担い手」という言葉には，その事柄を中心になって進める人，あるいは責
任をもって支える人という意味がある。「法律や制度がそうなっているから」「誰
かにやれといわれたから」という外発的な理由ではなく，問題解決に向けて自
ら考え行動する人々を育てていくことに教育固有の意義と役割がある。つまり，
内発的な動機付けに資するような教育的アプローチが必要であると考えられる。
行動の動機が内発的であるためには，「その問題を自分ごととしてとらえる」
ということにくわえ，「その問題を自分が対処できるという有能感」が重要で
ある。

担い手を育てるというと，子どもや若者たちが未来の社会の担い手となるこ
とをイメージしがちである。もちろん，そのような教育が重要であることにま
ちがいない。しかし，本書で扱うSDGsの教育において対象となるのは，子ど
もや若者だけではない。現在はまだSDGsにかかわる諸課題に対して無関心で
ある大人たちが，知ることや交流をきっかけに，自ら取り組みを始めるならば，
それもまた持続可能な社会の担い手としての教育であるといえるだろう。もち

ろん，子どもや若者たちが，自分たちの生きる未来を持続可能なものに変える
ために，必要な能力を身につけるための教育も同じように重要なものであるこ
とはいうまでもない。本書では，各章においてさまざまな事例にふれ SDGs の
教育の具体的な姿を描き出してきた。本書が読者にとって「持続可能な社会の
担い手」の一助となれば幸いである。

最後に，本書は日本環境教育学会特設研究会「SDGs の教育」での議論に基
づいており，刊行には多くの方のお力を得た。とくに各章の執筆者にはそれぞ
れに多忙ななか，専門を生かし工夫を凝らした論考をお寄せいただいたことに
心より感謝申し上げたい。

資　料　SDGs の 17 目標と 169 ターゲット

目標 1. 貧困をなくそう
あらゆる場所のあらゆる形態の貧困を終わらせる

1.1　2030 年までに，現在 1 日 1.25 ドル未満で生活する人々と定義されている極度の貧困をあらゆる場所で終わらせる。

1.2　2030 年までに，各国定義によるあらゆる次元の貧困状態にある，すべての年齢の男性，女性，子どもの割合を半減させる。

1.3　各国において最低限の基準を含む適切な社会保護制度及び対策を実施し，2030 年までに貧困層及び脆弱層に対し十分な保護を達成する。

1.4　2030 年までに，貧困層及び脆弱層をはじめ，すべての男性及び女性が，基礎的サービスへのアクセス，土地及びその他の形態の財産に対する所有権と管理権限，相続財産，天然資源，適切な新技術，マイクロファイナンスを含む金融サービスに加え，経済的資源についても平等な権利を持つことができるように確保する。

1.5　2030 年までに，貧困層や脆弱な状況にある人々の強靱性（レジリエンス）を構築し，気候変動に関連する極端な気象現象やその他の経済，社会，環境的ショックや災害に暴露や脆弱性を軽減する。

1.a　あらゆる次元での貧困を終わらせるための計画や政策を実施するべく，後発開発途上国をはじめとする開発途上国に対して適切かつ予測可能な手段を講じるため，開発協力の強化などを通じて，さまざまな供給源からの相当量の資源の動員を確保する。

1.b　貧困撲滅のための行動への投資拡大を支援するため，国，地域及び国際レベルで，貧困層やジェンダーに配慮した開発戦略に基づいた適正な政策的枠組みを構築する。

目標 2. 飢餓をゼロに
飢餓を終わらせ，食料安全保障及び栄養改善を実現し，持続可能な農業を促進する

2.1　2030 年までに，飢餓を撲滅し，すべての人々，特に貧困層及び幼児を含む脆弱な立場にある人々が一年中安全かつ栄養のある食料を十分得られるようにする。

2.2　5 歳未満の子どもの発育阻害や消耗性疾患について国際的に合意されたターゲットを 2025 年までに達成するなど，2030 年までにあらゆる形態の栄養不良を解消し，若年女子，妊婦・授乳婦及び高齢者の栄養ニーズへの対処を行う。

2.3　2030 年までに，土地，その他の生産資源や，投入財，知識，金融サービス，市場及び高付加価値化や非農業雇用の機会への確実かつ平等なアクセスの確保などを通じて，女性，先住民，家族農家，牧畜民及び漁業者をはじめとする小規模食料生産者の農業生産性及び所得を倍増させる。

2.4　2030 年までに，生産性を向上させ，生産量を増やし，生態系を維持し，気候変動や極端な気象現象，干ばつ，洪水及びその他の災害に対する適応能力を向上させ，漸進的に土地と土壌の質を改善させるような，持続可能な食料生産システムを確保し，強靱（レジリエント）な農業を実践する。

2.5　2020 年までに，国，地域及び国際レベルで適正に管理及び多様化された種子・植物バンクなども通じて，種子，栽培植物，飼育・家畜化された動物及びこれらの近縁野生種の遺伝的多様性を維持し，国際的合意に基づき，遺伝資源及びこれに関連する伝統的な知識へのアクセス及びその利用から生じる利益の公正かつ衡平な配分を促進する。

2.a　開発途上国，特に後発開発途上国における農業生産能力向上のために，国際協力の強化などを通じて，農村インフラ，農業研究・普及サービス，技術開発及び植物・家畜のジーン・バンクへ

の投資の拡大を図る。

2.b　ドーハ開発ラウンドの決議に従い，すべての農産物輸出補助金及び同等の効果を持つすべての輸出措置の同時撤廃などを通じて，世界の農産物市場における貿易制限や歪みを是正及び防止する。

2.c　食料価格の極端な変動に歯止めをかけるため，食料市場及びデリバティブ市場の適正な機能を確保するための措置を講じ，食料備蓄などの市場情報への適時のアクセスを容易にする。

 目標3．すべての人に健康と福祉を
あらゆる年齢のすべての人々の健康的な生活を確保し，福祉を推進する

3.1　2030年までに，世界の妊産婦の死亡率を出生10万人当たり70人未満に削減する。

3.2　すべての国が新生児死亡率を少なくとも出生1,000件中12件以下まで減らし，5歳以下死亡率を少なくとも出生1,000件中25件以下まで減らすことを目指し，2030年までに，新生児及び5歳未満児の予防可能な死亡を根絶する。

3.3　2030年までに，エイズ，結核，マラリア及び顧みられない熱帯病といった伝染病を根絶するとともに肝炎，水系感染症及びその他の感染症に対処する。

3.4　2030年までに，非感染性疾患による若年死亡率を，予防や治療を通じて3分の1減少させ，精神保健及び福祉を促進する。

3.5　薬物乱用やアルコールの有害な摂取を含む，物質乱用の防止・治療を強化する。

3.6　2020年までに，世界の道路交通事故による死傷者を半減させる。

3.7　2030年までに，家族計画，情報・教育及び性と生殖に関する健康の国家戦略・計画への組み入れを含む，性と生殖に関する保健サービスをすべての人々が利用できるようにする。

3.8　すべての人々に対する財政リスクからの保護，質の高い基礎的な保健サービスへのアクセス及び安全で効果的かつ質が高く安価な必須医薬品とワクチンへのアクセスを含む，ユニバーサル・ヘルス・カバレッジ（UHC）を達成する。

3.9　2030年までに，有害化学物質，ならびに大気，水質及び土壌の汚染による死亡及び疾病の件数を大幅に減少させる。

3.a　すべての国々において，たばこの規制に関する世界保健機関枠組条約の実施を適宜強化する。

3.b　主に開発途上国に影響を及ぼす感染性及び非感染性疾患のワクチン及び医薬品の研究開発を支援する。また，知的所有権の貿易関連の側面に関する協定（TRIPS協定）及び公衆の健康に関するドーハ宣言に従い，安価な必須医薬品及びワクチンへのアクセスを提供する。同宣言は公衆衛生保護及び，特にすべての人々への医薬品のアクセス提供にかかわる「知的所有権の貿易関連の側面に関する協定（TRIPS協定）」の柔軟性に関する規定を最大限に行使する開発途上国の権利を確約したものである。

3.c　開発途上国，特に後発開発途上国及び小島嶼開発途上国において保健財政及び保健人材の採用，能力開発・訓練及び定着を大幅に拡大させる。

3.d　すべての国々，特に開発途上国の国家・世界規模な健康危険因子の早期警告，危険因子緩和及び危険因子管理のための能力を強化する。

 目標4．質の高い教育をみんなに
すべての人々への，包摂的かつ公正な質の高い教育を提供し，生涯学習の機会を促進する

4.1　2030年までに，すべての子どもが男女の区別なく，適切かつ効果的な学習成果をもたらす，無償かつ公正で質の高い初等教育及び中等教育を修了できるようにする。

4.2　2030年までに，すべての子どもが男女の区別なく，質の高い乳幼児の発達支援，ケア及び就学

前教育にアクセスすることにより，初等教育を受ける準備が整うようにする。

4.3　2030 年までに，すべての人々が男女の区別なく，手頃な価格で質の高い技術教育・職業教育及び大学を含む高等教育への平等なアクセスを得られるようにする。

4.4　2030 年までに，技術的・職業的スキルなど，雇用，働きがいのある人間らしい仕事及び起業に必要な技能を備えた若者と成人の割合を大幅に増加させる。

4.5　2030 年までに，教育におけるジェンダー格差を無くし，障害者，先住民及び脆弱な立場にある子どもなど，脆弱層があらゆるレベルの教育や職業訓練に平等にアクセスできるようにする。

4.6　2030 年までに，すべての若者及び大多数（男女ともに）の成人が，読み書き能力及び基本的計算能力を身に付けられるようにする。

4.7　2030 年までに，持続可能な開発のための教育及び持続可能なライフスタイル，人権，男女の平等，平和及び非暴力的文化の推進，グローバル・シチズンシップ，文化多様性と文化の持続可能な開発への貢献の理解の教育を通して，すべての学習者が，持続可能な開発を促進するために必要な知識及び技能を習得できるようにする。

4.a　子ども，障害及びジェンダーに配慮した教育施設を構築・改良し，すべての人々に安全で非暴力的，包摂的，効果的な学習環境を提供できるようにする。

4.b　2020 年までに，開発途上国，特に後発開発途上国及び小島嶼開発途上国，ならびにアフリカ諸国を対象とした，職業訓練，情報通信技術（ICT），技術・工学・科学プログラムなど，先進国及びその他の開発途上国における高等教育の奨学金の件数を全世界で大幅に増加させる。

4.c　2030 年までに，開発途上国，特に後発開発途上国及び小島嶼開発途上国における教員養成のための国際協力などを通じて，資格を持つ教員の数を大幅に増加させる。

 目標 5．ジェンダー平等を実現しよう

ジェンダー平等を達成し，すべての女性及び女児の能力強化を行う

5.1　あらゆる場所におけるすべての女性及び女児に対するあらゆる形態の差別を撤廃する。

5.2　人身売買や性的，その他の種類の搾取など，すべての女性及び女児に対する，公共・私的空間におけるあらゆる形態の暴力を排除する。

5.3　未成年者の結婚，早期結婚，強制結婚及び女性器切除など，あらゆる有害な慣行を撤廃する。

5.4　公共のサービス，インフラ及び社会保障政策の提供，ならびに各国の状況に応じた世帯・家族内における責任分担を通じて，無報酬の育児・介護や家事労働を認識・評価する。

5.5　政治，経済，公共分野でのあらゆるレベルの意思決定において，完全かつ効果的な女性の参画及び平等なリーダーシップの機会を確保する。

5.6　国際人口・開発会議（ICPD）の行動計画及び北京行動綱領，ならびにこれらの検証会議の成果文書に従い，性と生殖に関する健康及び権利への普遍的アクセスを確保する。

5.a　女性に対し，経済的資源に対する同等の権利，ならびに各国法に従い，オーナーシップ及び土地その他の財産，金融サービス，相続財産，天然資源に対するアクセスを与えるための改革に着手する。

5.b　女性の能力強化促進のため，ICT をはじめとする実現技術の活用を強化する。

5.c　ジェンダー平等の促進，ならびにすべての女性及び女子のあらゆるレベルでの能力強化のための適正な政策及び拘束力のある法規を導入・強化する。

目標6. 安全な水とトイレを世界中に

すべての人々の水と衛生の利用可能性と持続可能な管理を確保する

6.1　2030 年までに，すべての人々の，安全で安価な飲料水の普遍的かつ平等なアクセスを達成する。

6.2　2030 年までに，すべての人々の，適切かつ平等な下水施設・衛生施設へのアクセスを達成し，野外での排泄をなくす。女性及び女児，ならびに脆弱な立場にある人々のニーズに特に注意を向ける。

6.3　2030 年までに，汚染の減少，投棄廃絶と有害な化学物質や物質の放出の最小化，未処理の排水の割合半減及び再生利用と安全な再利用の世界的規模で大幅に増加させることにより，水質を改善する。

6.4　2030 年までに，全セクターにおいて水の利用効率を大幅に改善し，淡水の持続可能な採取及び供給を確保し水不足に対処するとともに，水不足に悩む人々の数を大幅に減少させる。

6.5　2030 年までに，国境を越えた適切な協力を含む，あらゆるレベルでの統合水資源管理を実施する。

6.6　2020 年までに，山地，森林，湿地，河川，帯水層，湖沼などの水に関連する生態系の保護・回復を行う。

6.a　2030 年までに，集水，海水淡水化，水の効率的利用，排水処理，リサイクル・再利用技術など，開発途上国における水と衛生分野での活動や計画を対象とした国際協力と能力構築支援を拡大する。

6.b　水と衛生に関わる分野の管理向上への地域コミュニティの参加を支援・強化する。

目標7. エネルギーをみんなに　そしてクリーンに

すべての人々の，安価かつ信頼できる持続可能な近代的エネルギーへのアクセスを確保する

7.1　2030 年までに，安価かつ信頼できる現代的エネルギーサービスへの普遍的アクセスを確保する。

7.2　2030 年までに，世界のエネルギーミックスにおける再生可能エネルギーの割合を大幅に拡大させる。

7.3　2030 年までに，世界全体のエネルギー効率の改善率を倍増させる。

7.a　2030 年までに，再生可能エネルギー，エネルギー効率及び先進的かつ環境負荷の低い化石燃料技術などのクリーンエネルギーの研究及び技術へのアクセスを促進するための国際協力を強化し，エネルギー関連インフラとクリーンエネルギー技術への投資を促進する。

7.b　2030 年までに，各々の支援プログラムに沿って開発途上国，特に後発開発途上国及び小島嶼開発途上国，内陸開発途上国のすべての人々に現代的で持続可能なエネルギーサービスを供給できるよう，インフラ拡大と技術向上を行う。

目標8. 働きがいも経済成長も

包摂的かつ持続可能な経済成長及びすべての人々の完全かつ生産的な雇用と働きがいのある人間らしい雇用（ディーセント・ワーク）を促進する

8.1　各国の状況に応じて，一人当たり経済成長率を持続させる。特に後発開発途上国は少なくとも年率 7%の成長率を保つ。

8.2　高付加価値セクターや労働集約型セクターに重点を置くことなどにより，多様化，技術向上及びイノベーションを通じた高いレベルの経済生産性を達成する。

8.3　生産活動や適切な雇用創出，起業，創造性及びイノベーションを支援する開発重視型の政策を促進するとともに，金融サービスへのアクセス改善などを通じて中小零細企業の設立や成長を奨励する。

8.4　2030 年までに，世界の消費と生産における資源効率を漸進的に改善させ，先進国主導の下，持

続可能な消費と生産に関する 10 カ年計画枠組みに従い，経済成長と環境悪化の分断を図る。

8.5　2030 年までに，若者や障害者を含むすべての男性及び女性の，完全かつ生産的な雇用及び働きがいのある人間らしい仕事，ならびに同一労働同一賃金を達成する。

8.6　2020 年までに，就労，就学及び職業訓練のいずれも行っていない若者の割合を大幅に減らす。

8.7　強制労働を根絶し，現代の奴隷制，人身売買を終わらせるための緊急かつ効果的な措置の実施，最悪な形態の児童労働の禁止及び撲滅を確保する。2025 年までに児童兵士の募集と使用を含むあらゆる形態の児童労働を撲滅する。

8.8　移住労働者，特に女性の移住労働者や不安定な雇用状態にある労働者など，すべての労働者の権利を保護し，安全・安心な労働環境を促進する。

8.9　2030 年までに，雇用創出，地方の文化振興・産品販促につながる持続可能な観光業を促進するための政策を立案し実施する。

8.10　国内の金融機関の能力を強化し，すべての人々の銀行取引，保険及び金融サービスへのアクセスを促進・拡大する。

8.a　後発開発途上国への貿易関連技術支援のための拡大統合フレームワーク (EIF) などを通じた支援を含む，開発途上国，特に後発開発途上国に対する貿易のための援助を拡大する。

8.b　2020 年までに，若年雇用のための世界的戦略及び国際労働機関 (ILO) の仕事に関する世界協定の実施を展開・運用化する。

 目標 9. 産業と技術革新の基盤をつくろう
強靭（レジリエント）なインフラ構築，包摂的かつ持続可能な産業化の促進及びイノベーションの推進を図る

9.1　すべての人々に安価で公平なアクセスに重点を置いた経済発展と人間の福祉を支援するために，地域・越境インフラを含む質の高い，信頼でき，持続可能かつ強靭（レジリエント）なインフラを開発する。

9.2　包摂的かつ持続可能な産業化を促進し，2030 年までに各国の状況に応じて雇用及び GDP に占める産業セクターの割合を大幅に増加させる。後発開発途上国については同割合を倍増させる。

9.3　特に開発途上国における小規模の製造業その他の企業の，安価な資金貸付などの金融サービスやバリューチェーン及び市場への統合へのアクセスを拡大する。

9.4　2030 年までに，資源利用効率の向上とクリーン技術及び環境に配慮した技術・産業プロセスの導入拡大を通じたインフラ改良や産業改善により，持続可能性を向上させる。すべての国々は各国の能力に応じた取組を行う。

9.5　2030 年までにイノベーションを促進させることや 100 万人当たりの研究開発従事者数を大幅に増加させ，また官民研究開発の支出を拡大させるなど，開発途上国をはじめとするすべての国々の産業セクターにおける科学研究を促進し，技術能力を向上させる。

9.a　アフリカ諸国，後発開発途上国，内陸開発途上国及び小島嶼開発途上国への金融・テクノロジー・技術の支援強化を通じて，開発途上国における持続可能かつ強靭（レジリエント）なインフラ開発を促進する。

9.b　産業の多様化や商品への付加価値創造などに資する政策環境の確保などを通じて，開発途上国の国内における技術開発，研究及びイノベーションを支援する。

9.c　後発開発途上国において情報通信技術へのアクセスを大幅に向上させ，2020 年までに普遍的かつ安価なインターネット・アクセスを提供できるよう図る。

目標 10. 人や国の不平等をなくそう
各国内及び各国間の不平等を是正する

10.1 2030年までに，各国の所得下位40%の所得成長率について，国内平均を上回る数値を漸進的に達成し，持続させる。

10.2 2030年までに，年齢，性別，障害，人種，民族，出自，宗教，あるいは経済的地位その他の状況に関わりなく，すべての人々の能力強化及び社会的，経済的及び政治的な包含を促進する。

10.3 差別的な法律，政策及び慣行の撤廃，ならびに適切な関連法規，政策，行動の促進などを通じて，機会均等を確保し，成果の不平等を是正する。

10.4 税制，賃金，社会保障政策をはじめとする政策を導入し，平等の拡大を漸進的に達成する。

10.5 世界金融市場と金融機関に対する規制とモニタリングを改善し，こうした規制の実施を強化する。

10.6 地球規模の国際経済・金融制度の意思決定における開発途上国の参加や発言力を拡大させることにより，より効果的で信用力があり，説明責任のある正当な制度を実現する。

10.7 計画に基づき良く管理された移民政策の実施などを通じて，秩序のとれた，安全で規則的かつ責任ある移住や流動性を促進する。

10.a 世界貿易機関（WTO）協定に従い，開発途上国，特に後発開発途上国に対する特別かつ異なる待遇の原則を実施する。

10.b 各国の国家計画やプログラムに従って，後発開発途上国，アフリカ諸国，小島嶼開発途上国及び内陸開発途上国を始めとする，ニーズが最も大きい国々への，政府開発援助（ODA）及び海外直接投資を含む資金の流入を促進する。

10.c 2030年までに，移住労働者による送金コストを3%未満に引き下げ，コストが5%を越える送金経路を撤廃する。

 目標 11. 住み続けられるまちづくりを
包摂的で安全かつ強靱（レジリエント）で持続可能な都市及び人間居住を実現する

11.1 2030年までに，すべての人々の，適切，安全かつ安価な住宅及び基本的サービスへのアクセスを確保し，スラムを改善する。

11.2 2030年までに，脆弱な立場にある人々，女性，子ども，障害者及び高齢者のニーズに特に配慮し，公共交通機関の拡大などを通じた交通の安全性改善により，すべての人々に，安全かつ安価で容易に利用できる，持続可能な輸送システムへのアクセスを提供する。

11.3 2030年までに，包摂的かつ持続可能な都市化を促進し，すべての国々の参加型，包摂的かつ持続可能な人間居住計画・管理の能力を強化する。

11.4 世界の文化遺産及び自然遺産の保護・保全の努力を強化する。

11.5 2030年までに，貧困層及び脆弱な立場にある人々の保護に焦点をあてながら，水関連災害などの災害による死者や被災者数を大幅に削減し，世界の国内総生産比で直接的経済損失を大幅に減らす。

11.6 2030年までに，大気の質及び一般並びにその他の廃棄物の管理に特別な注意を払うことによるものを含め，都市の一人当たりの環境上の悪影響を軽減する。

11.7 2030年までに，女性，子ども，高齢者及び障害者を含め，人々に安全で包摂的かつ利用が容易な緑地や公共スペースへの普遍的アクセスを提供する。

11.a 各国・地域規模の開発計画の強化を通じて，経済，社会，環境面における都市部，都市周辺部及び農村部間の良好なつながりを支援する。

11.b 2020年までに，包含，資源効率，気候変動の緩和と適応，災害に対する強靱さ（レジリエンス）

を目指す総合的政策及び計画を導入・実施した都市及び人間居住地の件数を大幅に増加させ，仙台防災枠組 2015-2030 に沿って，あらゆるレベルでの総合的な災害リスク管理の策定と実施を行う。

11.c　財政的及び技術的な支援などを通じて，後発開発途上国における現地の資材を用いた，持続可能かつ強靱（レジリエント）な建造物の整備を支援する。

目標 12. つくる責任　つかう責任
持続可能な生産消費形態を確保する

12.1　開発途上国の開発状況や能力を勘案しつつ，持続可能な消費と生産に関する 10 年計画枠組み（10YFP）を実施し，先進国主導の下，すべての国々が対策を講じる。

12.2　2030 年までに天然資源の持続可能な管理及び効率的な利用を達成する。

12.3　2030 年までに小売・消費レベルにおける世界全体の一人当たりの食料の廃棄を半減させ，収穫後損失などの生産・サプライチェーンにおける食料の損失を減少させる。

12.4　2020 年までに，合意された国際的な枠組みに従い，製品ライフサイクルを通じ，環境上適正な化学物質やすべての廃棄物の管理を実現し，人の健康や環境への悪影響を最小化するため，化学物質や廃棄物の大気，水，土壌への放出を大幅に削減する。

12.5　2030 年までに，廃棄物の発生防止，削減，再生利用及び再利用により，廃棄物の発生を大幅に削減する。

12.6　特に大企業や多国籍企業などの企業に対し，持続可能な取り組みを導入し，持続可能性に関する情報を定期報告に盛り込むよう奨励する。

12.7　国内の政策や優先事項に従って持続可能な公共調達の慣行を促進する。

12.8　2030 年までに，人々があらゆる場所において，持続可能な開発及び自然と調和したライフスタイルに関する情報と意識を持つようにする。

12.a　開発途上国に対し，より持続可能な消費・生産形態の促進のための科学的・技術的能力の強化を支援する。

12.b　雇用創出，地方の文化振興・産品販促につながる持続可能な観光業に対して持続可能な開発がもたらす影響を測定する手法を開発・導入する。

12.c　開発途上国の特別なニーズや状況を十分考慮し，貧困層やコミュニティを保護する形で開発に関する悪影響を最小限に留めつつ，税制改正や，有害な補助金が存在する場合はその環境への影響を考慮してその段階的廃止などを通じ，各国の状況に応じて，市場のひずみを除去することで，浪費的な消費を奨励する，化石燃料に対する非効率な補助金を合理化する。

目標 13. 気候変動に具体的な対策を
気候変動及びその影響を軽減するための緊急対策を講じる※

13.1　すべての国々において，気候関連災害や自然災害に対する強靱性（レジリエンス）及び適応力を強化する。

13.2　気候変動対策を国別の政策，戦略及び計画に盛り込む。

13.3　気候変動の緩和，適応，影響軽減及び早期警戒に関する教育，啓発，人的能力及び制度機能を改善する。

13.a　重要な緩和行動の実施とその実施における透明性確保に関する開発途上国のニーズに対応するため，2020 年までにあらゆる供給源から年間 1,000 億ドルを共同で動員するという，UNFCCC の先進締約国によるコミットメントを実施し，可能な限り速やかに資本を投入して緑の気候基金を本格始動させる。

13.b 後発開発途上国及び小島嶼開発途上国において，女性や青年，地方及び社会的に疎外されたコミュニティに焦点を当てることを含め，気候変動関連の効果的な計画策定と管理のための能力を向上するメカニズムを推進する。

※国連気候変動枠組条約（UNFCCC）が，気候変動への世界的対応について交渉を行う基本的な国際的，政府間対話の場であると認識している。

 目標 14. 海の豊かさを守ろう
持続可能な開発のために海洋・海洋資源を保全し，持続可能な形で利用する

14.1 2025 年までに，海洋堆積物や富栄養化を含む，特に陸上活動による汚染など，あらゆる種類の海洋汚染を防止し，大幅に削減する。

14.2 2020 年までに，海洋及び沿岸の生態系に関する重大な悪影響を回避するため，強靱性（レジリエンス）の強化などによる持続的な管理と保護を行い，健全で生産的な海洋を実現するため，海洋及び沿岸の生態系の回復のための取組を行う。

14.3 あらゆるレベルでの科学的協力の促進などを通じて，海洋酸性化の影響を最小限化し，対処する。

14.4 水産資源を，実現可能な最短期間で少なくとも各資源の生物学的特性によって定められる最大持続生産量のレベルまで回復させるため，2020 年までに，漁獲を効果的に規制し，過剰漁業や違法・無報告・無規制（IUU）漁業及び破壊的な漁業慣行を終了し，科学的な管理計画を実施する。

14.5 2020 年までに，国内法及び国際法に則り，最大限入手可能な科学情報に基づいて，少なくとも沿岸域及び海域の 10 パーセントを保全する。

14.6 開発途上国及び後発開発途上国に対する適切かつ効果的な，特別かつ異なる待遇が，世界貿易機関（WTO）漁業補助金交渉の不可分の要素であるべきことを認識した上で，2020 年までに，過剰漁獲能力や過剰漁獲につながる漁業補助金を禁止し，違法・無報告・無規制（IUU）漁業につながる補助金を撤廃し，同様の新たな補助金の導入を抑制する※。

14.7 2030 年までに，漁業，水産養殖及び観光の持続可能な管理などを通じ，小島嶼開発途上国及び後発開発途上国の海洋資源の持続的な利用による経済的便益を増大させる。

14.a 海洋の健全性の改善と，開発途上国，特に小島嶼開発途上国および後発開発途上国の開発における海洋生物多様性の寄与向上のために，海洋技術の移転に関するユネスコ政府間海洋学委員会の基準・ガイドラインを勘案しつつ，科学的知識の増進，研究能力の向上，及び海洋技術の移転を行う。

14.b 小規模・沿岸零細漁業者に対し，海洋資源及び市場へのアクセスを提供する。

14.c 「我々の求める未来」のパラ 158 において想起されるとおり，海洋及び海洋資源の保全及び持続可能な利用のための法的枠組みを規定する海洋法に関する国際連合条約（UNCLOS）に反映されている国際法を実施することにより，海洋及び海洋資源の保全及び持続可能な利用を強化する。

※現在進行中の世界貿易機関（WTO）交渉および WTO ドーハ開発アジェンダ，ならびに香港閣僚宣言のマンデートを考慮。

 目標 15. 陸の豊かさも守ろう
陸域生態系の保護，回復，持続可能な利用の推進，持続可能な森林の経営，砂漠化への対処，ならびに土地の劣化の阻止・回復及び生物多様性の損失を阻止する

15.1 2020 年までに，国際協定の下での義務に則って，森林，湿地，山地及び乾燥地をはじめとする陸域生態系と内陸淡水生態系及びそれらのサービスの保全，回復及び持続可能な利用を確保する。

15.2 2020 年までに，あらゆる種類の森林の持続可能な経営の実施を促進し，森林減少を阻止し，劣化した森林を回復し，世界全体で新規植林及び再植林を大幅に増加させる。

15.3 2030 年までに，砂漠化に対処し，砂漠化，干ばつ及び洪水の影響を受けた土地などの劣化した土地と土壌を回復し，土地劣化に荷担しない世界の達成に尽力する。

15.4 2030 年までに持続可能な開発に不可欠な便益をもたらす山地生態系の能力を強化するため，生物多様性を含む山地生態系の保全を確実に行う。

15.5 自然生息地の劣化を抑制し，生物多様性の損失を阻止し，2020 年までに絶滅危惧種を保護し，また絶滅防止するための緊急かつ意味のある対策を講じる。

15.6 国際合意に基づき，遺伝資源の利用から生ずる利益の公正かつ衡平な配分を推進するとともに，遺伝資源への適切なアクセスを推進する。

15.7 保護の対象となっている動植物種の密猟及び違法取引を撲滅するための緊急対策を講じるとともに，違法な野生生物製品の需要と供給の両面に対処する。

15.8 2020 年までに，外来種の侵入を防止するとともに，これらの種による陸域・海洋生態系への影響を大幅に減少させるための対策を導入し，さらに優先種の駆除または根絶を行う。

15.9 2020 年までに，生態系と生物多様性の価値を，国や地方の計画策定，開発プロセス及び貧困削減のための戦略及び会計に組み込む。

15.a 生物多様性と生態系の保全と持続的な利用のために，あらゆる資金源からの資金の動員及び大幅な増額を行う。

15.b 保全や再植林を含む持続可能な森林経営を推進するため，あらゆるレベルのあらゆる供給源から，持続可能な森林経営のための資金の調達と開発途上国への十分なインセンティブ付与のための相当量の資源を動員する。

15.c 持続的な生計機会を追求するために地域コミュニティの能力向上を図る等，保護種の密猟及び違法な取引に対処するための努力に対する世界的な支援を強化する。

 目標 16. 平和と公正をすべての人に

持続可能な開発のための平和で包摂的な社会を促進し，すべての人々に司法へのアクセスを提供し，あらゆるレベルにおいて効果的で説明責任のある包摂的な制度を構築する

16.1 あらゆる場所において，すべての形態の暴力及び暴力に関連する死亡率を大幅に減少させる。

16.2 子どもに対する虐待，搾取，取引及びあらゆる形態の暴力及び拷問を撲滅する。

16.3 国家及び国際的なレベルでの法の支配を促進し，すべての人々に司法への平等なアクセスを提供する。

16.4 2030 年までに，違法な資金及び武器の取引を大幅に減少させ，奪われた財産の回復及び返還を強化し，あらゆる形態の組織犯罪を根絶する。

16.5 あらゆる形態の汚職や贈賄を大幅に減少させる。

16.6 あらゆるレベルにおいて，有効で説明責任のある透明性の高い公共機関を発展させる。

16.7 あらゆるレベルにおいて，対応的，包摂的，参加型及び代表的な意思決定を確保する。

16.8 グローバル・ガバナンス機関への開発途上国の参加を拡大・強化する。

16.9 2030 年までに，すべての人々に出生登録を含む法的な身分証明を提供する。

16.10 国内法規及び国際協定に従い，情報への公共アクセスを確保し，基本的自由を保障する。

16.a 特に開発途上国において，暴力の防止とテロリズム・犯罪の撲滅に関するあらゆるレベルでの能力構築のため，国際協力などを通じて関連国家機関を強化する。

16.b 持続可能な開発のための非差別的な法規及び政策を推進し，実施する。

目標 17. パートナーシップで目標を達成しよう
持続可能な開発のための実施手段を強化し，グローバル・パートナーシップを活性化する

▌資金

17.1　課税及び徴税能力の向上のため，開発途上国への国際的な支援なども通じて，国内資源の動員を強化する。

17.2　先進国は，開発途上国に対する ODA を GNI 比 0.7％に，後発開発途上国に対する ODA を GNI 比 0.15～0.20％にするという目標を達成するとの多くの国によるコミットメントを含む ODA に係るコミットメントを完全に実施する。ODA 供与国が，少なくとも GNI 比 0.20％の ODA を後発開発途上国に供与するという目標の設定を検討することを奨励する。

17.3　複数の財源から，開発途上国のための追加的資金源を動員する。

17.4　必要に応じた負債による資金調達，債務救済及び債務再編の促進を目的とした協調的な政策により，開発途上国の長期的な債務の持続可能性の実現を支援し，重債務貧困国（HIPC）の対外債務への対応により債務リスクを軽減する。

17.5　後発開発途上国のための投資促進枠組みを導入及び実施する。

▌技術

17.6　科学技術イノベーション（STI）及びこれらへのアクセスに関する南北協力，南南協力及び地域的・国際的な三角協力を向上させる。また，国連レベルをはじめとする既存のメカニズム間の調整改善や，全世界的な技術促進メカニズムなどを通じて，相互に合意した条件において知識共有を進める。

17.7　開発途上国に対し，譲許的・特恵的条件などの相互に合意した有利な条件の下で，環境に配慮した技術の開発，移転，普及及び拡散を促進する。

17.8　2017 年までに，後発開発途上国のための技術バンク及び科学技術イノベーション能力構築メカニズムを完全運用させ，情報通信技術（ICT）をはじめとする実現技術の利用を強化する。

▌能力構築

17.9　すべての持続可能な開発目標を実施するための国家計画を支援するべく，南北協力，南南協力及び三角協力などを通じて，開発途上国における効果的かつ的をしぼった能力構築の実施に対する国際的な支援を強化する。

▌貿易

17.10　ドーハ・ラウンド（DDA）交渉の受諾を含む WTO の下での普遍的でルールに基づいた，差別的でない，公平な多角的貿易体制を促進する。

17.11　開発途上国による輸出を大幅に増加させ，特に 2020 年までに世界の輸出に占める後発開発途上国のシェアを倍増させる。

17.12　後発開発途上国からの輸入に対する特恵的な原産地規則が透明で簡略的かつ市場アクセスの円滑化に寄与するものとなるようにすることを含む世界貿易機関（WTO）の決定に矛盾しない形で，すべての後発開発途上国に対し，永続的な無税・無枠の市場アクセスを適時実施する。

▌体制面

政策・制度的整合性

17.13　政策協調や政策の首尾一貫性などを通じて，世界的なマクロ経済の安定を促進する。

17.14　持続可能な開発のための政策の一貫性を強化する。

17.15　貧困撲滅と持続可能な開発のための政策の確立・実施にあたっては，各国の政策空間及びリーダーシップを尊重する。

マルチステークホルダー・パートナーシップ

17.16　すべての国々，特に開発途上国での持続可能な開発目標の達成を支援すべく，知識，専門的

知見，技術及び資金源を動員，共有するマルチステークホルダー・パートナーシップによって補完しつつ，持続可能な開発のためのグローバル・パートナーシップを強化する。

17.17　さまざまなパートナーシップの経験や資源戦略を基にした，効果的な公的，官民，市民社会のパートナーシップを奨励・推進する。

■ データ，モニタリング，説明責任

17.18　2020年までに，後発開発途上国及び小島嶼開発途上国を含む開発途上国に対する能力構築支援を強化し，所得，性別，年齢，人種，民族，居住資格，障害，地理的位置及びその他各国事情に関連する特性別の質が高く，タイムリーかつ信頼性のある非集計型データの入手可能性を向上させる。

17.19　2030年までに，持続可能な開発の進捗状況を測るGDP以外の尺度を開発する既存の取組を更に前進させ，開発途上国における統計に関する能力構築を支援する。

出所：国際連合「我々の世界を変革する：持続可能な開発のための2030アジェンダ」（外務省仮訳）

索　引

［編　著］

阿部　治

1955 年生まれ。立教大学社会学部教授。IGES 環境教育プロジェクトリーダー，日本環境教育学会長等を歴任し，現在，立教大学 ESD 研究所長，ESD 活動支援センター長，ESD-J 代表理事等。日本における環境教育／ESD のパイオニアとして国内外の研究・実践に従事している。近著に『ESD の地域創生力』(合同出版)

野田　恵

1977 年生まれ。自然体験 NPO の勤務を経て，現在，東京農工大学等非常勤講師，立教大学 ESD 研究所特任研究員等。主な著書『自然体験論〜農山村における自然学校の理論』(みくに出版) ほか

SDGs の教育研究会

代表：阿部　治
コアメンバー：朝岡幸彦，岩本　泰，高橋正弘，二ノ宮リムさち，
　　　　　　　野田　恵，福井智紀

知る・わかる・伝える SDGs　I
貧困・食料・健康・ジェンダー・水と衛生

2019年10月7日　第 1 版第 1 刷発行

監修　日本環境教育学会
編著　阿部 治・野田 恵

発行者　田中千津子

〒153-0064　東京都目黒区下目黒3-6-1
電話　03(3715)1501(代)
FAX　03(3715)2012
http://www.gakubunsha.com

発行所　株式会社 学文社

印刷　新灯印刷

ISBN978-4-7620-2923-3